美丽女生向前跑

詹仲凡　风之球　著

中国轻工业出版社

推荐序

让所有人都爱上跑步，就是热血跑者的使命

热血跑者都有着同一个强烈的欲望，就是将跑步的好处宣扬开来。写跑步，不单是一件乐事，简直是一种使命！

2014年夏天，仲凡以“中华健康生活运动保健协会”理事长的身份，邀请我到台北教授气功跑步（Chi Running），由于反应良好，参加的朋友人数很多，我建议将部分收入无偿捐赠到创世基金会。仲凡说：“好的。”这个简单的回复，就让我们从脸书（Face Book）朋友，进阶成为面对面的真实朋友。

2015年春天，仲凡问：“Jane，你愿意为我的新书挂名推荐吗？这本书我的版税会全捐给台东家扶中心做慈善的。”我毫不迟疑地说：“好啊。”这个简单的回复，使我的脑海中浮现起超马赛道上跑者互相打气的情景。

1967年的波士顿马拉松，工作人员曾经粗暴地阻止女性参加比赛。到今天，路跑已经成为很多女生的一种生活方式。感谢仲凡为女生提供最有价值的跑步资讯，教我们怎样才能跑步不受伤，告诉我们有哪些比赛和跑团适合新手，让美女跑出快乐、自信、正能量。

一路翻阅原稿，脑子一直在转……如果十年前就遇上这本书，我就不会买错鞋、买错衫，更懂得选择适合跑者的防晒、护肤、护发用品，也不会因为进行不适当的训练而受伤，付上高昂的医疗费用，省下来的钱都可以买一辆小汽车了。

其实，女生对功能性知识一般都有少许抗拒，这本书利用精美的插图和简单明了的文字，有效地将知识和具体建议流畅地贯穿全书，内容丰富而实用，新手跑者读来，都格外感到贴心。譬如书中有一个小章节，就是教我们怎样避免跑出萝卜腿。据我了解，很多女生正是因为怕腿粗而害怕跑步，有了这本书，爱美的女孩们可以放心三分了。

而男生们呢？这本书对你当然也有帮助，如果你的女朋友或者太太说要开始路跑，请把这本书从头到尾看三遍，如此一来，你便可做她们最信任的私人教练。让女友或老婆自己一人看本书是很危险的，她们进步速度之快，会令你很快跟不上、追不到，饱尝挫败之苦。如果不想失去女友、太太的崇拜眼光，哥们儿，你行动要快！

——Chi Running亚太区讲师 Jane

（Chi Running为美国最大的跑步教育训练协会）

放松而专注地跑吧！

很高兴也很荣幸，帮好友仲凡向大家热血推荐一本关于女孩们的跑步训练防护书。

跑步，一项长期被视为单调无趣的运动，近年来，居然傲视一切，无所不在地笼罩台湾，掀起一股跑步热。当身边的亲朋好友们热情地告诉我，受到我的感染或影响而开始爱上跑步运动时，身为跑者的我是乐见其成的。

我总是鼓励却不失冷静地说：坚持下去才是重点，就像超级马拉松赛，最重要的不是速度而是坚持。希望跑步、自行车、游泳、铁人三项、登山等运动风气都能持续，都不会沦落为明日黄花。

我们都知道身体健康的重要，可是，又有多少人能真正掌握自己身体的状态？其实身体最好的保养方式就是规律的运动。运动是调整体质与抗老的最佳良方，我有许多朋友的病痛，包含我自己的肥胖症，都因为跑步而不药而愈，翻开了人生新的一页。

为自己在运动上设定目标，会让自己有力量与方向感。我们不是职业运动选手，不需要把跑步运动与痛苦、拼命、压力画上等号。只需要以放松而集中的精神去实践每一次的训练和比赛就好。同时，也用这样子的心态专注一心，因为自在而专注的精神也能让自己降低运动伤害。

——**超马公益跑者** 邱念慈

给跑者的话

01 最速艺人——南拳妈妈宇豪

“女生=时尚，路跑=潮流。相信此书能让更多初跑者愿意迈开第一步，也期待女生路跑能成为全民运动。”

02 阳光艺术家——郭彦甫

“身体就是最好的健身房，多远多快多长自己决定。”

03 三铁老男孩——刘至翰

“运动必须循序渐进地训练，好高骛远的揠苗助长会带来伤害喔！”

04 网络正妹跑者/马场小甜心——Pinky

“运动是最好的保养品，不用化妆就能带来好气色，不用节食就有好身材，让我们一起变成吃不胖的女孩儿吧。”

05 模特儿跑者——艾美怀特

“演员不能生病，运动员不能受伤；这就术有专精啰！”

06 新手跑者甜心——南拳妈妈梁欣颐 Lara

“我第一次路跑很紧张，是仲凡耐心、细心、热心地指导我的每一步！女生们，快踏入这个世界，迈向健康正能量！”

目录 CONTENTS

new balance

05 CHAPTER

06 CHAPTER

01 CHAPTER

奔跑吧！跑出“美力漾”的人生

1 跑步不是流行，而是生活新时尚

2 跑步让你不用化妆也漂亮

3 跑步有助于燃烧脂肪、雕塑身形

4 跑步可提升自信正能量

1

跑步不是流行，而是生活新时尚

你开始跑步了吗？你参加路跑了吗？近年来，我国台湾地区掀起一股路跑风潮，根据统计，平均两天就有一场，遇上周末假日，甚至一天有五六场路跑同时登场，使得跑步取代了之前的自行车热，成为时下最流行的全民运动。

此外，除了活动数目增加之外，活动内容也越来越多元，例如甜蜜路跑、彩色路跑、红酒路跑、Hello Kitty路跑、僵尸路跑、超人路跑、夸父追日超马接力赛等特色路跑活动，让许多没有路跑习惯的民众也体会到，路跑不再只是跑步而已，还有许多令人惊喜或惊吓的乐趣。根据体育管理机构统计，路跑已蹿升为台湾人最爱的运动前三名，未来预计有越来越多人加入路跑的行列。所以，你准备好一起跑起来了吗？

女性是路跑中最美的娇点

在这股路跑热潮中，女性跑者是最亮眼的一群。半世纪前，跑步对女性来说仍是禁忌，更别说参加马拉松比赛或路跑活动。以创办于1897年，历史最悠久的波士顿马拉松为例，也是直到1972年才终于开放女性参赛。

时至今日，全球已有越来越多的女生加入路跑的行列，特别是

欧美女性十分热衷跑步这项运动。而常被视为不爱运动、怕晒黑的亚洲女生，近年来也开始积极参与路跑活动，而这股风潮可以说是从日本开始的。日本率先在各地开办了多场专属女生的马拉松比赛，例如名古屋女子马拉松、大阪国际女子马拉松、横滨国际女子马拉松等，吸引了日本及世界各地爱好跑步的女生参与，且设想周到的贴心服务，让参与的女生都能尽情享受跑步的乐趣。

近两年，这股热潮也拓展至我国台湾地区，由知名运动品牌所举办专属女生的路跑活动，吸引了不少台湾女生的热情参与，尤其是媒体、女明星与名模们的助力，使得会跑步的女生显得特别亮眼，而女生参与路跑运动也成为一件既时尚又酷炫的事！

跑步既是流行，也是生活

或许你对于这股跑步风潮感到置疑，觉得它只是一种赶流行，很快就会退烧，但事实上并非如此，跑步已经逐渐融入到现代人的生活里，同时也适合作为你一辈子的运动。

因为跑步是一项老少皆适合且最容易入门的运动，只需要一双好的跑鞋、适合的服装就可以进行，并且不受限于人数、时间、地点。你可以独自跑步，也可以找三五好友一起跑；可以选择具有竞争力的方式如参加马拉松比赛，也可以纯粹为了乐趣和其所带来的好处而跑。所以不要再犹豫了，一起加入跑步的行列吧！

全球专属女生的路跑赛事

日本 名古屋女子马拉松

http://womens.marathon ~ festival.com/

首届：1980年

最新一届：2015年3月8日

获国际田径联合会（IAAF）认证，为全球最盛大的女子马拉松赛事。2012年起，每位完赛者可获得包括Tiffany项链在内的完赛纪念品。

日本 大阪国际女子马拉松

http://www.osaka ~ marathon.jp/

首届：1982年

最新一届：2015年1月25日

日本 横滨国际女子马拉松

http://www.yokohamawomensmarathon.com/index.html

首届：2009年

最新一届：2014年11月16日

美国 旧金山女子马拉松 WE RUN SF

http://www.nike.com/events/register/werunsf/

首届：2004年

最新一届：2014年10月19日

旧金山女子马拉松是由NIKE主办的女子半程马拉松比赛系列之一（NIKE WOMEN'S HALF MARATHON），完赛礼Tiffany项链受到全球女跑友的喜爱。同系列包括“华盛顿特区女子半程马拉松WE RUN DC”及“台北女子半程马拉松WE RUN TPE”

大东方女子半程马拉松

http://www.greateasternwomensrun.com/

最新一届：2014年11月9日

台北 ▸ Mizuno Lady's Running Party（2013年开办）

台北 ▸ WE RUN TPE：Nike Women's Marathon（2014年开办）

厦门 ▸ The Pink Run海峡两岸（厦门海沧）女子半程马拉松（2014年开办）

跑步让你不用化妆也漂亮

亚洲女生不爱户外运动的主因之一，大多是担心晒黑、皮肤变粗糙，甚至出现萝卜腿，其实并非如此，反而，适时的运动将有助于皮肤排毒，减少脸部暗沉，拥有健康的好肤色。

流汗排毒 肤色亮丽白净

然而，皮肤排毒为何如此重要呢？皮肤是我们身体面积最大的器官，若累积一些毒素无法排出，就容易导致皮肤老化，如此一来，脸色就会看起来暗沉、甚至产生黑色素沉淀，而形成黑斑、黄褐斑、老人斑等斑点。

人体大部分的毒素是来自于体内的新陈代谢，产生各种身体不需要的废物，并通过粪便、尿、排汗等途径将这些废物清除出身体。其中又以“排汗”是最好的皮肤排毒法，借由流汗将身体中的废物、毒素等代谢出去。没有毒素的健康皮肤，就不会累积色素，产生斑点，自然就会呈现亮丽白净的肤色。

不过，光是自然排汗还不够，我们身上的毒素大部分是以脂溶性形态存在，必须要能排出油汗才算是真正的排毒，而运动能让身体排出大量的油汗，有氧舞蹈、健走、跑步、爬山等活动都有助于大量排汗。

new balance

每次运动过后，最好能立即洗个热水澡，避免已经排出的毒素又被皮肤再次吸收。不过参加路跑活动之后，通常无法马上洗澡，所以至少用毛巾蘸水将全身擦拭干净。另外，每次流汗排毒之后，务必要补充适量的水分与电解质。

锻炼心肺
气色自然粉嫩

跑步除了能帮助身体排毒之外，还能够刺激循环系统，增加肺活量、锻炼心肺功能，提高人体通气和换气能力，根据调查，跑步时所供给的氧气比静坐时多出八至十二倍，提高吸氧的能力之后，便可以强化心肺功能。

此外，一般人若能进行一星期三天、每次30分钟的跑步，将有利于心脏血管的保健，能使心肌增强、增厚，能有效锻炼心脏、保护心脏。血液循环良好，气色自然红润，即使素颜，也可以很漂亮。

3

跑步有助于燃烧脂肪、雕塑身形

跑步除了有助体内排毒，也是一项简单且快速的减重运动，而这股跑步减肥的风潮，也从国外逐渐吹向国内，不少女性期盼能通过跑步来燃脂甩肉、雕塑身形。

但想要达到跑步减肥的目的，除了持之以恒的跑步外，还要配合饮食控制，避免跑步之后大吃大喝，或摄取高热量食物，这样才能达到减重的效果，且不容易反弹。以下提供给想跑步减肥的女生一些建议，希望能帮你达到事半功倍的最佳效果。

选对时间跑步 轻松燃烧脂肪

虽然跑步不限时间与地点，但选对时间点去跑，可以让效果加倍。专家研究，早上7点到9点运动，因为新陈代谢在这段时间内是最好的，可以消耗更多的热量，而且一天中都可以保持高基础代谢率。因此，想减肥的你，可以在这段时间进行跑步运动。不过早上身体的温度较低、肌肉也比较僵硬，务必要做好热身运动，至少5～10分钟，等身体暖了再进行跑步。

如果早上爬不起来，也可以选择下午4点到8点，此时人体体温达到最高点，除了较不容易造成运动伤害外，也是肌肉成长最快速的时间，若此时加强肌力训练，让心肺运转达到高点，能有效加快基础代谢率，轻松燃烧脂肪。

此外，根据国外运动医学专家研究，凡是能促进心肺功能的运动，从第21分钟起，体内囤积的脂肪才会转化为能量。因此，每次跑步至少要超过40分钟，才能达到脂肪燃烧的目的。

选错时间跑步 减重效果有限

既然有适合跑步的时间，就有不适合的时间。哪些时间不适合跑步呢?

第一 在空腹时跑步

若非得在空腹状态跑步，建议先摄取500毫升的温开水，以维持新陈代谢的强度。或者提前30分钟左右，饮用一些助消化、补充体力的运动饮料或吃根香蕉，让体内有一些能量进行脂肪的消耗。

第二 餐后1小时内跑步

尽量避免在餐后1小时跑步，免得影响食物的消化与吸收。

第三 避免睡前3小时内或晚上9点后跑步

跑步或是强度较强的运动会刺激主管休息的副交感神经，容易影响睡眠品质。

做好热身伸展 不怕萝卜腿上身

有些女生不敢尝试跑步，主因在于担心小腿会粗壮，甚至长出“小萝卜”，其实那是多虑了。只要跑步姿势和用力方法正确，并且懂得做跑后收操，小腿并不会因此变粗，通常会变粗的，大多是跑步姿势或是出力错误及懒得做收操的人。

如果还是担心，那么记住，跑步前务必要做好热身，肌肉有了柔软度，就不会因跑步而使小腿变

new balance

粗。此外，最重要的就是，跑步之后，千万不要马上坐下或躺下来休息，可以先做一些收操的伸展运动，晚上用热水泡澡或泡脚，适当地按摩一下大腿、小腿，让肌肉放松下来，也可避免形成萝卜腿。

附表 ▶ 走路、快走、慢跑消耗热量比较表

	走路	快走	慢跑
速度	4 千米 / 小时	6 千米 / 小时	8.7 千米 / 小时（或 145 米 / 分钟）
消耗热量	77.4 千卡	110.1 千卡	235 千卡
注：以体重 50 千克者，每 30 分钟的运动量计算。			

资料来源：台湾地区卫生福利部门的相关网站

4

跑步可提升自信正能量

除了上述所说跑步能抗老、瘦身之外，跑步对于身体还有许多的好处，例如改善血液循环、促进全身新陈代谢，防治心脑血管、高血压等疾病，甚至有专家研究，每星期慢跑1小时，可以延长约6年的寿命。

此外，跑步对于心理层面上的健康也有极大的助益，它可以帮助我们增加自信心，以及增强面对挫折时的抗压能力，让人能乐观自信地面对生活。

提高自信心增加抗压力

现代人的生活节奏快、工作压力大，如果没有具备良好的抗压性，很快就会被工作或生活所压垮，而跑步就是一种适合磨炼心性的运动，可以帮助你们提高自信心、加强抗压能力。

因为大多数跑步的人都会设定目标，无论跑步目标的大小。也许是每天至少跑五千米，或者一周至少跑三次，只要设定目标后不轻言放弃，不畏天候、工作忙碌、身体不适的阻碍，有耐心地循序渐进持续跑步计划。当你完成一个阶段目标时，就能产生一些信心，同时增加自我肯定的能量。

然后随着每次目标的设定越来越高，并且都能逐一达成时，自信心也会逐步增强，变得越来越有耐性、越来越坚强，进而敢于正面迎击以往碰到困难就回避的问题，心态自然也会变得更加正向积极。

纾缓心理压力 释放快乐因子

许多人在面对挫折与压力时，都会选择逃避，把问题积压在心里，长久下来，问题依旧没解决而心情却越来越郁闷，渐渐地酝酿成了忧郁情绪，根据统计，台湾民众平均每5人就有1人有明显忧郁情绪，需要专业协助。而跑步能帮助压力找到一个宣泄的出口，一旦压力得到释放，挫折就不再巨大，问题也就随之化解。

为何跑步有助于纾缓心理压力呢？根据研究发现，人们在跑步时（特别是在户外或野外跑步），大脑会分泌出一种让人幸福及愉悦的物质——内啡肽（endorphins），这种又被称为“快乐吗啡”的物质，能让人们在跑步的过程中产生愉悦的感觉，进而忘记烦恼，这种感觉也被称为“跑步者高峰体验”。因此，多年来，在医学上经常利用跑步来治疗忧郁和上瘾等问题。

因此，如果你觉得心情郁闷，不如穿上跑鞋去跑一跑，借此减轻心理压力，保持良好的身心状态，增加处理事情的抗压性。若能养成长期持续跑步的习惯，更能培养正面积极的态度，改善忧郁低落的心情，感受生命中还有许多美好的事物。

若希望运动有助睡眠的效果，就要选对时间运动，因为跑步或运动时所释放的内啡肽，使人感到兴奋、精神奕奕，效果常常维持好几个小时，所以不建议安排睡前跑步，避免难以入睡。最好是将跑步安排在傍晚时分或睡前4～5小时，等待跑步过后的亢奋效应消退，这样才能有一夜好眠。

02 CHAPTER

轻装上阵，跑步也要美美的

1 选对慢跑鞋，跑得轻松又自在

2 跑步时尚穿搭

3 跑步时其他相关用品

4 跑步前后的防晒与保养

1

选对慢跑鞋，跑得轻松又自在

跑步时，脚部是最直接与地面接触的部位，在落地时会承受莫大的冲击力，特别是不常运动的新手跑者，脚部的负担会更大。因此，选择一双适合自己的跑鞋是很重要的，它可以减轻双脚的负担、也可避免造成运动伤害，还可以帮助你跑得更轻松又有效率。

选鞋的四大原则

1 稳定的包覆性

一双好的跑鞋，须能提供良好的包覆性及稳定性，让脚部与地面接触时，无论是前后或横向移动、路面颠簸，都不会让双脚左右晃动，减少脚部扭转可能产生的伤害。

2 避震性与弹力

当跑鞋具备避震性与好的弹力时，可以吸收来自路面的冲击，减轻脚掌、脚踝与膝盖的负担，并将双腿力量有效地传递到路面，提升跑步的效率。

3 良好的透气性

对于长跑者而言，跑鞋的透气性是很重要的。因为脚在鞋内不断运动和摩擦，时间一久，鞋内温度就会提高，若不能有效散热，脚部会闷热以致不舒服。

4 足够的耐磨性

对于经常跑步的人来说，跑鞋

的消耗量是很惊人的，鞋底磨耗、中底与鞋身的结构改变，都会让跑鞋的功能受影响。因此当跑鞋使用一段时间后，或鞋底、鞋身磨损得很厉害时，务必要更换新跑鞋，不要勉强继续使用，避免受伤。

选鞋三步骤，简单挑好鞋

不过，市面上的跑鞋品牌繁多，该如何挑选适合自己的鞋款呢？以下提供三个步骤，让你简单挑好鞋。

步骤 1 详细测量自己的脚型

由于每个人的脚型不一样，购买跑鞋之前，必须先详细测量自己的脚型，包括脚长、脚宽、脚趾形状、脚背厚度，这样才能选择到适合自己的鞋款与大小。

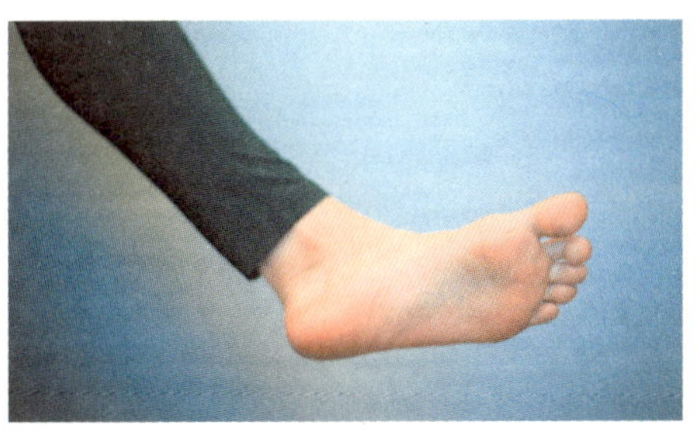

✓ **脚长** 指赤脚所测量的大小，通常再加上 1 厘米左右就是适合的跑鞋长度。

✓ **脚宽** 一般亚洲人的脚板比较宽，标准楦头的鞋子常会有鞋长适合、楦头过窄的情况，因此若有不同楦头可挑选，应该要每一款都试。通常会在鞋盒或鞋舌上标明楦头的尺寸：标准楦为 D、2 倍宽 2E、3 倍 3E，以及 4 倍为 4E，国内鞋厂通常是标准楦，因此没有特别注明。选购时，记得询问店员是否有不同的尺寸可供选择。

✓ 许多运动用品专卖店或品牌专门店，会陈列正确测量脚部尺寸的器材，甚至有些店家会提供足型及足压检测设备，选购跑鞋时，可以多多善用这类服务，彻底了解自己的脚型。

步骤2 根据需求选出适合鞋款

进入运动用品专卖店，琳琅满目的鞋款让你不知从何下手？总是被外型亮丽的鞋子所吸引？女性跑者大多希望自己能跑得漂亮、跑得时尚，因此不少人会从外观设计来挑选，但最重要的，还是要选择一双适合自己目前等级需求的鞋子。

专业的跑鞋大致上可分为“训练用”“比赛用”两种。专业跑者多半会针对是训练或比赛使用不同的跑鞋。但对于新手跑者来说，并不需要这么讲究，无论在练跑或是参加正式比赛，使用“训练鞋”就够了。若经济能力允许，可同时购买两双相同的跑鞋，平时交替使用。除了可减少鞋底磨损外，也因为常穿让跑鞋与双脚自然磨合，避免到比赛时，发生新鞋磨脚的问题。

当你跑了一段时间后自觉已有一些实力，或者打算要参加半马以上的进阶挑战时，这时你的跑鞋也要跟着进阶了，可选购比赛用的跑鞋。比赛用的跑鞋又可分为“路跑鞋”“马拉松鞋”。

• 路跑鞋

鞋底较薄、重量轻，抓地力比慢跑鞋好，但避震性与稳定性较低，适合比赛，但不适合训练时使用。

• 马拉松鞋

竞赛选手或有实力的进阶跑者使用的专用鞋，强调重量超轻，但避震性及稳定性较低。所以，跑者必须拥有超强的腿部肌力，否则脚部很容易受伤。

步骤3 试穿鞋子的重点

有些人为了方便或省钱，喜欢在网络上购买跑鞋，这样是错误的。跑步是动态的动作，只靠鞋的尺寸或脚掌型态来选鞋，很容易踩到地雷。因为每家鞋厂的鞋型多少有差异，同一家的不同鞋款也可能不一样。有时候不同厂牌的同尺寸鞋款间，就可能会差到半号或一个楦头，因此一定要实际穿过才可以。

试穿跑鞋的时候，请注意以下重点：

1 穿着跑步时会穿的袜子

挑选跑鞋的重点在于合不合脚，而穿跑鞋都会穿上袜子，但每双袜子的厚薄不一，个人喜好也不同，因此在试穿跑鞋时，应该要穿上平时跑步时会穿的袜子，这样才会挑到合脚的跑鞋。

跑步时，身体会逐渐升温，鞋内的温度及湿度也会跟着上升，搭配一双透气性佳的运动袜很重要，可以保持脚部干燥、降低脚臭等异味。最好穿着具有支撑力及止滑作用的慢跑袜，除了可以减缓脚部着地时的冲击力，保护脚趾及脚底的压力之外，也可以紧密地贴合在跑鞋上，不必担心起水泡或磨脚。

2 不要嫌麻烦，多试几种鞋款

每双跑鞋穿得感觉都不一样，会因为材质、设计理念及款式而有所不同，所以应该要多试穿几款鞋，比较个中差异后再做选择。

3 试鞋时，务必要两脚同时试穿

两只脚掌大小与形状未必一样，可能会有些许差异，所以试穿时一定要两脚都试，不能只试单脚就决定购买。

4 试鞋时要系好鞋带

大多数人试鞋时都懒得系上鞋带，这样也是错误的做法。鞋带是提供跑鞋的包覆性，因此穿上鞋子之后一定要系紧鞋带，才能确实感受跑鞋的包覆感。而且每一个鞋洞都要穿进去，再把鞋带绑好，不可以偷懒。

5 晚上最适合试鞋

一般人晚上的脚会比白天略为浮肿，而脚在跑步时会胀大，因此晚上试穿跑鞋比较能正确测量鞋子是否留有适当的伸展空间。

如何正确试穿鞋子？

1 把鞋带全部拉松

鞋带全部拉松，鞋口往两边拉开，一边拉住鞋舌，一边把脚放入鞋里。

2 穿好鞋后，轻轻敲一敲

脚放进鞋内之后，在拉紧鞋带之前，用脚跟在地上轻敲几下，让脚跟退到正确的位置上，请注意，如果脚的位置不对，就算鞋带绑紧也没用。

3 从最下层开始依序将鞋带拉紧

为避免鞋内出现多余的空间，在鞋带穿过所有鞋孔时，从最下面一层开始，依序且仔细地整理好鞋带再拉紧。

试穿时应检查的重点

- □ 足弓部分会不会太紧
- □ 大脚趾或小脚趾会不会觉得顶到或很挤
- □ 脚跟会不会很挤
- □ 脚尖部分是否有压迫感或太紧
- □ 会不会觉得松松的，感觉脚好像要滑出来
- □ 脚踝有没有哪里卡卡的

跑步时尚穿搭

由于跑步活动的兴盛，运动品牌或专卖店纷纷推出各种相关服装，面对琳琅满目的款式，初学跑步的你应注意挑选衣服时，除了流行时尚之外，其“机能性”才是最重要的。因为如果穿了不对的衣服跑步，不仅造成身体的负担、越跑越累，甚至还会导致脱水、中暑、着凉或其他病症出现，所以不可随随便便穿一套运动服装就去跑，特别是长距离跑步时，最好是穿着跑步专用的服装，这样才能跑得舒适又有效率。

正确穿搭，秀出自我风格

但要如何穿才能既有型又舒适呢？以下提供几个原则供你参考。

一、依季节与气候有所不同

虽说“要风度还要温度”，但跑步时最好还是不要流鼻水，不然会影响跑步的状况，而“最适合跑步的衣服”通常视季节与气温而定。

✓ 春夏季选衣原则

春夏季或气温较高的日子，因为容易流汗，可选择具有速干、排汗、容易散热、透气以及抗紫外线功能的衣服，有一些强调“腋下、背部”加强透气的衣服也是不错的选择，避免穿着容易吸热的黑色衣服和紧身长裤，预防中暑。

✓ **秋冬季选衣原则**

秋冬季或气温较低的日子，因天气冷、风大，可选择保温性强、具有速干特质的长袖衫、紧身长裤，再搭配一件合身的薄外套，以便穿脱调整。若跑步当天风比较大时，可改穿防风衣以提高保温性。

二、夜晚跑步要走荧光色系

白天跑步时要穿着可防晒的服装，怕晒的姊妹也可以利用夜晚跑，晚上跑步时，服装应该选择明亮鲜艳的色系，避免晚上灯光昏暗而发生意外。为了配合喜爱夜跑的人，现在运动用品专卖店都有卖反光或荧光色的运动服装，让你晚上跑步安全又闪亮。

三、多层次+上亮下暗

跑步的服装虽以舒适自在、透气排汗为主，但若能展现个人风格的个性美，又何尝不可呢？市面上有许多设计时髦的跑步专用服装，可以挑选自己喜欢的样式与花色，让跑步既轻松又开心。

不知道怎么搭配吗？可以采用多层次的搭配法，这样可以随时针对当天气候来做调整，日本美眉都这样搭。例如天气较热时，上衣可穿细肩或无袖T恤，外面套一个透气的长版上衣或透气外套，下面穿压力裤搭配跑步专用裙或短裤，觉得很热时，可以脱掉长版上衣绑在腰部继续跑。

什么颜色能展现时尚感又显身型窈窕呢？建议下半身选择以深色系为主，如黑色、深蓝色，除了可修饰体态、比较耐脏之外，也方便搭配其他衣服；而上衣可选择亮色系的，如桃红、鲜黄、亮绿等，在太阳的照射下会非常耀眼。

✓ 细肩（或无袖T恤）、长版上衣

✓ 压力裤＋跑步专用裙（或短裤）

✓ 短袖上衣、长袖外套

✓ 运动长裤（七分压缩裤＋跑步专用裙）

裤子须舒适且合身

裤子大致分为短裤、七分裤、长裤等多款样式，可依据个人体态及当天气候来搭配。裤子的材质与衣服一样，以合身、透气、排汗性者为佳，炎热的天气要穿有防晒功能的裤子。

请避免穿着裤管宽松的棉质运动裤，特别是短裤，因为宽松的裤管会在大腿内侧磨蹭，产生摩擦红肿的不适感，裤口也会边跑边往上缩，造成令人尴尬的窘况。裤口最好有防滑设计，避免裤口上滑。

近年来，流行跑步时穿机能性的压力裤（也称“压缩裤”），除了能修饰身型之外，其紧身的包覆性能增加关节运动时的稳定性，且适当的压迫功能，还能减轻腿部肌肉的疲劳、减少酸痛发生，同时减少大腿内侧因摩擦产生的不适感。通常适合参加如半马、全马等距离较长的跑步活动，若短程的跑步如10千米以下，就不一定要穿压力裤。若担心小腿抽筋，穿压力腿套也可减少抽筋的状况。

选择运动型内衣

跑步时，胸部的摇晃总让人感觉不自在、不舒服吗？你可以选择穿着运动型的内衣，降低不自在的感觉。因为运动内衣的包覆性、固定性比较好，还有防止胸部晃动的功能，也能保护胸部皮肤不会因长期摩擦而感到不舒服，例如皮肤干燥或过敏者，穿着不适合的内衣容易产生红疹或发痒。

此外，穿着运动型内衣跑步比较舒适，且款式设计不会妨碍背部及肩胛骨的动作，可以让人自由地摆动双臂，以正确的姿势跑步。市售的运动内衣款式及材质很多，可依合身、包覆性，透气性、排汗性及柔软度作为挑选原则。也可选择较宽的肩带，比较不用担心肩带边跑边滑落的问题。

NG的穿着方式

1 避免穿着纯棉衣物

纯棉衣物虽吸汗力强，但不透气、不易散热，当你跑得满身大汗时，棉质衣物容易黏在身上，却还要继续跑，反而感觉不舒服，而且天气冷的时候，一旦吹风也容易受寒而感冒，因此还是建议选择高机能性的服装，标榜跑步专用的运动服装，排汗、透气、速干的效果都很好。

2 避免为流汗瘦身而穿太多

不管是跑步或运动减肥，都不建议为了流更多的汗而穿太多衣服，这样只会让身体过度排水，跑完后容易补充过多的水分，而且这样做并不会消耗比较多的热量，反而会让身体觉得更累，降低跑步或运动减肥的效果。

3

跑步时其他相关用品

跑步时除了服装、鞋子之外，还有一些相关用品，提供一些特殊功能，你可以选择性地搭配使用，以下就介绍几种常用的用品提供参考：

一、防晒与遮阳用品（春夏或天气热时）

1 遮阳帽

可以阻挡刺眼的阳光，也可预防中暑。样式分为中空、全罩两种，其材质应选择能透气、排汗以及抗UV。

2 太阳眼镜

除了造型好看之外，最大功能是保护眼睛受到紫外线及灰尘所苦。建议挑选运动专用型的太阳眼镜，避免跑步时眼镜会晃动，而镜片则应该选择抗UV及变色功能。

3 袖套

穿短袖上衣又怕晒黑时，可以选择抗UV功能的袖套来保护手臂晒黑，可以挑选具设计感的款式或亮丽的颜色，提升整体的时尚感。

二、御寒与防风用品（秋冬或天气冷时）

1 防风衣

准备具有御寒、防风、防雨三用的防风衣，最好是重量轻且可塞进小袋子里的样式。

2 手套与毛帽

御寒必备的用品，等跑步后身体热了再取下，收入口袋或腰包里，因此最好选择方便收纳的款式。

3 脖围

天气很冷时跑步，可以套上脖围保护脖子受寒，挑选具设计感的款式或亮丽的颜色，提升整体的时尚感。

三、腰包与后背包

跑步时最好是轻装，但还是有些东西必须要带，特别是长距离的路程时，身边最好要带零钱、手机、补给食品及水壶等，以备不时之需。这时，你就需要一个腰包或小后背包了。为了不妨碍跑步，尽量选择比较贴身、透气的款式。

跑步前后的防晒与保养

跑步时，肌肤与头发会因此长时间暴露在阳光之下，因而造成一些损伤。为了防止伤害，跑步前后的养护就变得非常重要。跑步前应做好预防紫外线的伤害，跑完后则要立即进行保养，避免损害发生或持续。

跑步前的肌肤防晒

女生最怕肌肤晒黑、晒伤，因此，跑前的防晒工作非常重要。白天跑步一定要全身涂抹防晒乳或防晒油。如果当天太阳特别大，最好再搭配抗UV材质的遮阳帽和抗紫外线的运动专用太阳眼镜。

✓ 防晒乳要兼具UVA及UVB双重防护

涂抹防晒乳是最简单、最常见的防晒方法，但在使用前要先了解肌肤的杀手——紫外线。紫外线可分为UVA、UVB及UVC三种波，其中UVA与皮肤老化、过敏及色素沉淀有关，UVB则会导致皮肤发红、晒伤，甚至引发皮肤癌。

而防晒乳上常见的标示有SPF、PA、PPD等防晒系数。SPF（Sun Protection Factor）主要是防护UVB的指标，指的是能延缓皮肤被UVB晒红的时间倍数，例如，没使用防晒乳在阳光下10分钟后就会被晒红，擦上SPF30的防晒乳，则可延长至300分钟后才被晒红。

而评估UVA的防护指数，日系保养品是用PA（Protection Grade of UVA），欧美保养品则用IPD（Immediate Pigment Darkening）或PPD（Persistent Pigment Darkening）。IPD与PPD的指数越高，防护效果越好；PA则有PA+、PA++、PA+++等级，+号越多，防护效果越好。因此，防晒乳要选择兼具UVA及UVB双重防护效果，才能同时防止晒黑、晒伤。

附表 ▶ 防晒指标 PA 与 PPD

PA	PPD	防晒等级
PA+	PPD 2~4	轻度防晒
PA++	PPD 4~6	中度防晒
PA+++	PPD 6~8	高度防晒

✓ 防晒系数高低与跑步时间有关

防晒乳的系数选择与在户外运动的时间有关。如果在户外跑步（或运动）的时间很短，使用SPF15、PA+或PPD4以上的防晒乳就够了；反之，若在户外运动的时间很长，就要考虑SPF30、PA+++或PPD10以上的产品。

✓ 防晒乳使用非一次性，要定时补充

防晒乳的使用方法也关系其防晒效果，较理想的使用方式是，跑步前15～30分钟先均匀地涂一层防晒乳，30分钟后再涂抹一次。如果你有使用毛巾擦汗或过度流汗时，则需再次地补擦，才能获得较佳的防晒效果。

跑步后的肌肤保养

由于跑步会产生大量汗水，除了皮肤黏腻之外，也可能会阻塞毛孔。因此，跑完之后务必立刻进行脸部与全身的清洁及保养的工作。

因为刚运动完，身体的新陈代谢仍旺盛，所以此时保养以保湿为主，不要用太过滋润的保养品。

此外，市面上有一些标榜晒后用的面膜，也可以在此时使用，以镇静肌肤之用，也可以在跑步前后充分摄取一些维生素C，预防斑点的产生。

跑步时可以化妆吗？

其实，跑步时并不建议化妆，特别是浓妆。因为化妆品有很多化工原料，与跑步时产生的大量汗水混合后，容易导致毛孔堵塞，对肌肤的伤害很大。

有些爱美的女生不习惯以素颜见人，因此，为了避免伤害肌肤，可以使用清爽无油的润色隔离霜（或乳），让肌肤感觉有光泽，但脸上的粉也不会太厚，比较不会阻碍毛细孔。记得跑完后要尽快并彻底卸妆、清洁，避免污垢在脸上停留太久，导致肌肤受损。

跑步前后的头发养护

跑步时许多女生只记得肌肤要防晒及保养，其实头发也是要保养的。以下提供一些头发保养的原则，好好保养你的秀发。

1 跑步时戴上帽子

头发长时间曝晒在阳光下，头发容易失去弹性与光泽，严重的话，还会造成头发分叉与断裂，因此头发的防晒工作也不可少。戴帽子是头发防晒的最好办法，最好能选择帽檐7厘米以上的帽子，材质则是能防UV且透气的。

2 跑步时把头发绑起来

留长发的女生，跑步时最好绑起来。因为头发也有重量，头发越长就越重，绑起来可减轻负担，也可避免头发因大量流汗黏在脸上而不舒服。

3 跑完后要彻底清洁

跑步会产生大量汗水，身体与头皮都因此充满污垢。因此，跑步之后，头发一定要立即且彻底洗净。洗净之后，随即进行护发的动作，给予头发一些滋养。

4 选用天然的洗护发产品

经常跑步的人，新陈代谢较好，且头发长期日晒风吹，容易毛躁、断裂，最好定期进行深层护发，最好使用天然产品，这样对头发比较好。

adidas

专属
你的跑步计划

1 起跑前，做好身心的“热身”

2 开跑了，姿势正确，跑得快不受伤

3 跑步时，做好呼吸，跑得轻松不会累

4 加油吧，“配速”是完成目标的法则

5 跑步后，用“静态伸展”消除疲劳

1

起跑前，做好身心的“热身”

我们都知道“跑步”是一项最自然、最简单的运动，适合所有年龄层的人，但是仍有许多人望之却步，最主要的原因在于无法克服心理障碍，例如“平时连爬楼梯都会喘，根本跑不动”；或者给自己许多理由或借口，例如“上班很累，下班想休息没体力”等，在心中筑起了一道无形的墙，将“跑步”排拒在外。

为了避免这道心理障碍阻挡你的跑步计划，因此，在开始跑步前，应该先做好心情上的热身与调适，避免深藏于内心的抗拒，消磨了你对跑步的热情与耐心。

做好“一有二不”，跑步者的心就会暖暖的

如何心灵热身呢？跑步前利用一分钟的时间，找一个安静的角落，放空脑袋，然后进行以下三个热身“口诀”：“有可能、不比较、不勉强”。

口诀1 有可能。世上没有“不可能”，只是“不去做”而已

开始跑步之前，首先要放下“不可能”的心态，丢弃“做不到”的理由，唯有这样跑步计划才能长

久。其次，灌输一些正面能量，例如，不断想着“我可以”“我做得到”等，这样“不可能”的负面能量就会退散。

若你跑步还有其他目的，如减肥瘦身、身体健康、脸色红润等，也可以默想成功后的画面，这样也能增强跑步的信心。

口诀2 不比较。不与他人“比较”，跑步是为自己而跑

刚开始跑步时，有些人会很在意其他人的成绩，特别是参加路跑的时候，一旦有人超越自己，就会忍不住跟着加快速度，最后落得气喘如牛或跟不上而懊恼。其实每个人的外型、体力、训练方式都不一样，况且我们也不是竞赛选手，不需要跟别人比较输赢。

因此，记住要抱持一种心态，那就是“跟自己比，不要跟别人做比”，用自己习惯的步调与速度前进，而借由慢慢地训练而循序渐进的进步即可，千万不要被别人的速度所影响。

口诀3 不勉强。身体累了就休息，不要硬撑跑下去

初次跑步时，千万不要把目标订得太高，例如练习一个月之后，要参加半马的路跑活动等，避免因为太难达成而放弃，或者像做功课一样，感觉很有压力、不够放松，而让自己跑得很不开心。

记住一旦身体疲累或不舒服，就要立即暂停运动，让身体舒缓之后再跑，不要让跑步成为身体或心理的负担，这样就失去跑步的意义了。

跑步前用“动态伸展”热身，跑步后用“静态伸展”缓和

每次参加路跑时，总有许多人忽略了跑前热身，不然就是简单地拉拉筋就开跑了，接下来就会发现，跑起来总觉得卡卡的，身体感觉很重、很紧绷，怎么跑都不对劲，这些都是因为没有正确热身的原因。

无论从事什么运动，事前做好正确的热身是很重要的，除了借此提高体温、提升心跳、增加关节与肌肉的灵活外，也可以降低受伤的风险，让脚步跑起来更舒适流畅。

跑步前、后的热身与缓和

过去的热身运动是着重在于一些软组织（肌肉、肌腱、韧带）的静态伸展操，主要是增加柔软度。但是经过研究发现，这种热身方式对于运动表现上并无太大帮助，反而因身体尚未热时就硬拉筋，更容易不小心拉伤。不过，静态伸展操并非是没有效用的伸展运动，应该将其运用在运动结束后的收操，它能确实且有效地帮助疲劳代谢。

现在流行的热身运动是强调关节的润滑及肌肉的活化的动态式伸展操，可以针对主要的运动关节做好事前的润滑，增加关节的活动度，也能有效地提升身体温度，此外，更能刺激肌肉活性，增加协调性，让肌肉准备好接下来的主要运动。

跑前热身重在关节润滑、肌肉活化

热身运动可分为“关节活动操”“动态伸展操”两大部分。第一部分是可以促进关节润滑、预防磨损的关节活动操，从手腕、脚踝、膝盖、髋部、肩、脊椎依序进行，让身体开始温暖起来。第二部分则是可以刺激肌肉活化的动态伸展操。

而进行热身的大原则在于，让主要运动的关节与肌群都能伸展到，因此每个动作都应从慢到快、从小到大，缓慢地拉伸肌肉和韧带，让全身关节的可活动范围逐渐扩大。此外，热身伸展时应注意以下三个重点：

第一 在个人可控制的活动范围内操作，不要硬拉或动作过度用力，以免造成疼痛。

第二 热身时，请专注在伸展运动中的部位，不要分心。

第三 伸展时应配合呼吸，不要憋气或急促呼吸。

运动前的热身时间，要看环境气温和个人当天身体状况来决定，一般来说5～10分钟，最简单的指标就是要做到“暖”，也就是让身体有微微出汗的感觉。这样表示体温有上升，也促进了血液循环，同时也表示神经传导活性增加，身体肌肉已经活动开来，所以对于预防产生运动伤害有良好的帮助。

关节活动操

· 第一式：转动手脚（手腕、脚踝关节绕圈运动）

目的 ▶ 增加手腕和脚踝关节的润滑。

次数 ▶ 手腕、脚踝，顺时针、逆时针各做10～15次

动作 ▶

01 身体直立，双手屈肘轻松放置于腰间高度，双手手腕以顺时针方向绕圈，同时配合左脚脚尖点地，左脚踝做绕圈的动作，顺时针、逆时针各做10～15次。

02 换边，双手手腕以逆时针方向绕圈，同时配合右脚脚尖点地，右脚踝做绕圈动作，顺时针、逆时针各做10～15次。

Point

此动作操作时要注意由慢到快，由小到大的要领，从慢动作到快动作，从小范围转动到大范围，让关节慢慢地活动开来。

• 第二式：全蹲站立（膝关节弯曲伸直运动）

目的 ▶ 增加双脚膝关节的润滑

次数 ▶ 10～15次

动作 ▶

01

双手轻扶大腿中间，
上半身保持直立。

02

配合屈膝动作把重心慢慢往下移，直到做出全蹲（蹲到底）的动作。此动作以润滑关节为主，动作强调流畅，不需要停留！

03

接着慢慢站起来，回到原来的动作，重复做10～15次。

手不要直接按压在膝盖关节上，会对关节造成较多负担！

• 第三式：手脚画圆（髋关节/肩关节绕圈运动）

目的 ▶ 增加双脚髋关节与双手肩关节的润滑

次数 ▶ 10～15次

动作 ▶

01 身体直立站着，双手伸直以肩为圆心，**由前往后**做绕圈动作；同时配合右脚屈膝抬起，以髋关节为圆心，做**由内往外**的绕圈动作，10～15次。结束后换左脚，重复此动作。

02 接着换边操作，双手伸直以肩为圆心，**由后往前**做绕圈动作；同时配合右脚屈膝抬起，以髋关节为圆心，做**由外往内**的绕圈动作，10～15次。结束后换左脚，重复此动作。

操作过程中维持上半身正直，微微收紧小腹，可帮助维持平衡！

• 第四式：转身抬手（脊椎关节运动）

目的 ▶ 增加脊椎关节的润滑

次数 ▶ 10～15次

动作 ▶

01

双脚与肩同宽，保持脊椎挺直自然站立，双手自然下垂，放在身体前侧轻触大腿。

02

将双手一起往右后方举高，身体自然向右后方转动，双手举到最高点，停留1～3秒之后，回到1的姿势。

03

换边操作，将双手一起往左后方举高，身体自然转向左后方，停留1～3秒之后，回到1的姿势。

04

完成2、3为一次，需做10～15次。

Point

此动作除了能协助润滑腰椎关节外也会伸展腰部周围肌群，故要注意动作要缓慢，避免动作过快造成肌肉拉伤或是闪到腰！

• 第五式：前推扩胸（肩胛骨关节前后运动）

目的 ▶ 增加肩胛骨关节的润滑

次数 ▶ 10～15次

动作 ▶

01

双脚与肩同宽，保持脊椎挺直自然站立。

02

将双手平举往前伸出，并做出拱背的动作。

03

往前伸到最远处后，再把双手往后收做出扩胸动作，同时配合肩胛骨做出后收内夹的动作。

04

停留1～3秒之后，回到1的姿势。重复10～15次。

Point 操作过程中，头颈部要放松，不要过度用力。于肩胛骨后收时更要注意避免下巴上抬的动作产生。

动态伸展操

· 第一式：跨步走

目的 ▶ 增加下肢肌群的活力，尤其是髋部肌群

次数 ▶ 10～15次

动作 ▶

01

双脚与肩同宽，保持脊椎挺直自然站立，双手叉腰。

02

往前跨出一步，并把重心放低，使前脚膝盖弯曲到90度，后脚同时将膝盖放低同样弯曲到90度。

03

停留5～10秒之后，回到1的姿势，接着换脚重复此动作，10～15次。

Point 做此动作需要有足够的腿部肌肉力量，若力量不足者重心可提高些，不用蹲太低。要记得“在不痛范围内操作”是最重要的原则。另外刚开始练习，平衡感不好的人可以于墙边操作，利用手肘微微靠住墙壁来保持平衡。

进阶版

动作名称：转身扭腰

1 脚跨出去后重心放到最低时，配合上半身做转身的动作。
2 右脚往前跨出往右转，左脚往前跨出则往左转。
3 重复10～15次。

• 第二式：原地抬膝跑

目的 ▶ 增加下肢肌群的活力，尤其是髋部肌群

次数 ▶ 20～30次

动作 ▶

01 双脚与肩同宽，保持脊椎挺直自然站立，双手手掌水平放在腰部高度的前方。

02 接着双脚轮流往前方抬起，用双脚膝盖轮流碰触手掌，重复此动作，20～30次。

Point 做此动作操作时，维持轻快节奏，让脚触地后就快快弹起，可刺激肌肉活性，而适当的增加抬膝高度，更能提高髋关节的柔软度，以预防运动伤害。

进阶版 膝盖抬起碰触到手掌之后，做出往前踢直的动作，一样重复20～30次。

· 第三式：踢臀跑

目的 ▶ 增加下肢肌群的活力，尤其是髋部肌群

次数 ▶ 20～30次

动作 ▶

01

双脚与肩同宽，保持上半身挺直自然站立，双手叉腰。

02

一只脚屈膝向后提起、脚跟踢向臀部。

03

一只脚提起时另一脚轻放落地，两脚脚跟轮流踢向臀部，配合摆臂，保持轻快的节奏。

04

左右交替抬腿20～30次。

Point

没踢到臀部没关系，只要有感觉到大腿前侧肌群有被伸展的感觉即可。

• 第四式：开合跳

目的 ▶ 增加下肢肌群的活力，增加反应力

次数 ▶ 20～30次

动作 ▶

01 双脚与肩同宽，保持脊椎挺直自然站立，双手自然下垂于两侧贴紧裤缝。

02 双脚跳起同时两脚打开，双手配合由身体侧边打开，在头部上方击掌。

03 再跳跃回到1的姿势，此为一次完整动作。

04 重复上述动作20～30次。

Point

此动作操作过程中，于落地时要保持踝和膝关节的柔软弹性，避免动作过度僵硬，可有效化解反作用力，保护关节。

• 第五式：碎步原地跑

目的 ▶ 预备起跑，让身体习惯跑步动作

次数 ▶ 20～30次

动作 ▶

01
原地做出跑步动作。

02
脚步越小越轻快越好，持续30～60秒。

Point

此动作操作时要配合跑步的摆手姿势，让双脚快速地在地面上交换，越快越好。要注意不要闭气，还是记得呼吸喔！

2

开跑了，姿势正确，跑得快不受伤

跑步虽是一项很简单的运动，但也不能因此轻忽，因为如果跑步的姿势不对，除了跑得又慢又累外，也可能导致脚、腰或颈部发生立即受伤的危险。所以，正确的跑步姿势很重要。而且正确的跑姿，跑起来更有效率，也让跑者显得自信又优美，吸引众人的目光，让你成为瞩目的娇点。

什么样的跑步姿势才正确呢？本节将会提供一些方法，作为你调整跑姿的参考，但请注意，不要太过拘泥于跑姿的正确性上。因为每个人的跑步习惯与体能皆不同，别人的习惯不一定适合你，如果你一直在意姿势，反而会跑得神经兮兮、绑手绑脚，失去跑步的乐趣。只要针对几个重点，随时去修正自己的跑姿，慢慢地找到适合自己能轻松奔跑的姿势即可。

容易让你受伤的五个NG姿势

在说明正确跑步姿势之前，让我们先了解大部分人最常犯的跑步毛病，以下五项错误的姿势，会让你的跑步效率不佳，更是受伤的主因。所以，如果你也犯了以下的毛病，请立即修正。

NG 1 双脚呈内八或外八

受伤的部位：小腿、筋骨。

有些人跑步时容易内八或外八，除了减缓脚部前踢的力道，使前进的效率变差外，对于膝盖的耗损非常严重，是造成膝盖痛的主要原因。以双脚外八跑步为例，当你的脚着地时脚尖朝外，脚跟外侧率先撞击在地面上，脚踝外侧斜着踩向大拇指，促使脚部过度内旋，让小腿扭转，将压力施加在膝盖上，导致膝盖、髋部受伤。

正确的姿势：着地时脚板应该是流畅地平均受力。

NG 2 只用脚尖或脚跟着地

受伤的部位：膝盖、髋部。

有些人跑步时习惯先用或只用脚尖着地，将身体的力量全压在脚尖上，使得小腿的负担过大，而造成小腿疼痛；反之，如果是先用或只用脚跟着地，身体的重心在后面，形成刹车力道过大而影响跑步表现，对筋骨的冲击也会过大。

正确的姿势：脚尖和膝盖应保持朝向正前方。

NG 3 重心不稳、左右不平衡

受伤的部位：腰部、膝盖。

有的人跑步时上半身会不自觉地过度偏左或偏右摆动，或者只偏一边，使得身体的左右边肌力不平均，长期下来会导致身体疼痛、体态歪斜。另外，也有人跑步时，前后摇摆过大，让身体重心向前倾或向后倒，这样容易造成腰部和膝盖的负担过大，造成疼痛、不舒服，所以跑步时应让自己的身体轴

心保持正确对直，简单来说，就好像被一条从头顶往下贯穿身体的中心线拉得笔直。

正确的姿势：先原地跑步，感受一下身体是否过度摇摆，身体应该是笔直向前，双脚落地时应该会自然地落在身体重心的下方，形成一条从头、肩、腰到脚的美丽直线。

NG 4 双手左右摆动幅度过大，或没有前后摆动

受伤的部位：肩部。

有些跑者跑步时会不自觉地左右摆动双臂，这样的动作会把力量分散到身体左右两边，带动往前跑的效果。此外，跑步时如果手臂僵硬不动，往前跑的工作就全落在脚上，如此一来，增加脚部的负担，且降低跑步的速度。

正确的姿势：跑步时手臂应该要前后摆动，而非左右摆动。

NG 5 弯腰驼背

受伤的部位：腰部、膝盖。

有些人无论是走路或站立，都有驼背的习惯，除了姿态不美观之外，也会让跑步时肩部的动作受到限制，手臂摆动的幅度就会卡卡的，造成重心不稳的问题。

正确的姿势：上半身挺直，抬头挺胸，让身体轴心自然成一直线。

正确姿势应注意的五大重点

• 头部：请抬头收下巴

跑步时请随时提醒自己要抬头挺胸、收下巴。因为抬头直视前方时，下巴会自然抬起，呼吸反而会变得不容易，反之，视线若往下移一点，下巴自然会收起来，呼吸也会比较轻松。

所以，头部最好的姿势是抬头收下巴，视线朝前方、往下约30度左右（如上方参考图），或看向前方5～10米处。

此外，也不要自顾自地低头猛跑，这样身体会向前倾、重心往前，容易造成颈部和腰部的负担。

肩部：放松不要摆动

肩膀放松放低，不要用肩膀摆动双臂，更不要耸肩。如果肩膀很容易紧绷，可在摆动双臂时让手肘靠近肋骨，或随时放下双手，让双手在两侧放松悬晃几秒。

手臂：手肘弯曲如钟摆摆动

放松肩膀，手肘弯曲呈90度，以肩膀为轴心放松地摆动。以手肘为出发点，将一只手臂往后摆，另一只手臂自然往前，就像钟摆一样。

摆动的幅度以肋骨或腰际做为中心点，手指向后到肋骨为止，手肘向前也只到肋骨为止。可想象用手肘击打后方的人，而不是出拳打前面的人。

此外，双手轻轻握拳，放松不要紧绷，避免太用力，手腕伸直不要向后弯。

躯干：背拉直缩小腹

挺胸、缩小腹，背部拉直，仿佛是一条拉得笔直的线，身体微微向前倾。切记不要弯腰或拱背，以免造成背部的负担而疼痛。

双脚：脚尖对直正前方

膝盖与脚尖应朝向正前方，避免外八或内八，造成膝盖不舒服。如何让双脚在跑步时能对直正前方呢？想像自己在地上画了一条直线，双脚放在这条直线的两边，这样就不会歪掉。

此外，以脚掌着地而非脚跟或脚尖，让前伸的脚掌平稳且轻柔地着地，切记不可重重踏下，这样很容易伤害到膝盖。

正确的跑姿，从站立开始

许多人平时就会不自觉地驼背、或只靠身体一边侧站，因而造成身体歪斜，不仅身形姿态不好看，也容易导致身体的疼痛毛病。

如果平日站就没良好的站姿，后续的跑步训练，如步行、健走、慢跑，也更难有良好且正确的姿势。因此，为了后续的跑步训练能顺利完成，先学会正确的站姿是很重要的基础。

• 错误站姿vs正确站姿

常见的错误站姿，通常有以下特色：驼背、腹部凸出、膝盖前凸、常低着头、只靠一边站等。这样的站姿除了不够优雅美观之外，看起来也很没自信、没精神，而且长期下来容易堆积多余的脂肪，造成身形不佳或局部肥胖，例如经常腹部凸出的站姿，容易变成大腹婆。

正确且良好的站姿，让你看起来自信有活力，身形也显得窈窕漂亮。

正确站姿则有以下五个重点：

1 抬头、视线看向正前方，下巴微微缩起，但不要低头，避免造成驼背。
2 挺起胸，但肩膀放低放松。
3 双脚与肩同宽，双膝、脚尖直立向前。
4 背部肌肉用力，将背脊打直，胸部也会自然挺起。
5 屁股微微夹紧、缩小腹。

• 打造正确站姿的三个步骤

一、旋转手肘挺起胸膛

先直立站着，接着将双手手肘弯曲抬高，开始由前向后旋转，放松肩胛骨，直到胸膛扩张至最大后放下手肘，这样就能正确做出挺胸的姿势。

二、左右摇晃找到重心

让脚掌贴在地板上，借由两脚的大脚趾根部用力，左右摇晃身体，慢慢地确认身体的重心，然后渐渐降低摇晃的幅度，直到身体自然取得平衡，恢复静止状态。

三、踮起脚尖放松身体

双肩用力同时踮起脚尖，接着双脚放下，同时放松肩膀。

3

跑步时，做好呼吸，跑得轻松不会累

平常较少运动的人，开始跑步时容易跑没多久就上气不接下气，甚至有呼吸困难的不适感，因此心生恐惧，最后就放弃了，所以“呼吸”可以说是新手跑者，第一个也是最害怕的一关。

其实许多人跑步时都有喘不过气的经验，包括专业跑者，因为当跑步的速度与距离超过身体能调适的程度时，本来就会呼吸困难，遇到这种状况不用害怕，也并非坏事，你可以把它当作是一种身体发出的警示，提醒你，依照现在的速度身体会撑不下去，请放慢速度。

浅层呼吸，让呼吸越来越沉重

如何借由练习提升呼吸效能呢？首先要了解为何跑步时，呼吸会变得愈来愈沉重？

第一 摄氧量不足

跑步与健走、游泳一样，都属于有氧运动，借由吸入氧气，把体内的糖类或脂质转换成能量，因此当你跑步时，开始有喘不过气的情形，这就是因为心肺耐力不足，无法摄取身体所需的氧气来支援增加的负担。

第二 浅层呼吸

因为吸入的氧气并没有真正进入肺部，于是你必须更加费力地呼吸，因此造成呼吸短促。

第三 肌肉紧绷

有时候肌肉紧绷，也会让呼吸变得比较困难，而解决方式很简单，就是放松全身，让氧气能顺利地进入身体里。

提高呼吸效能的关键

第一 提升摄氧量，也就是提升肺活量

建立良好的摄氧能力，除能让跑步时可以更加轻松之外，对于燃烧脂肪也很有效。而提升摄氧能力的办法有：

1 持续进行跑步训练

想要提高跑步时的肺活量，就是坚持持续地跑下去，也许一开始会气喘不停，跑得好累、好辛苦，但只要持续跑两、三个月，就会发现心肺功能变得不一样。当然除了跑步，也可以更换其他运动，目的就是要逐渐地让呼吸量加深、加大，进而改善肺呼吸的效率。

2 每天做扩胸运动

每天持续进行扩胸运动，提高胸部肌肉的力量，同时增强呼吸的强度。你可使用哑铃或用装水塑料瓶，请依个人状况来决定磅数或水量，千万不要勉强自己使用超过负荷的重量。接下来的步骤则是，双手举起哑铃或装水塑料瓶，并将手臂向两边伸直，再以逆时针方向画圆圈。请依据自己能承受的力量，采用渐进式增加画圆的次数及范围。

3 可借由练习吹气球、蜡烛、口哨，帮助肺活量的提高。

第二 腹式呼吸，改善浅层呼吸的问题

一般人呼吸大多是胸式呼吸或浅层呼吸，也就是利用口鼻或胸部呼吸，但这样的呼吸法通常无法真正将空气送入肺部。因此，为了进行有效率的气体交换，跑步时你必须频繁地呼吸，才能供应跑步时的氧气需求，但这些呼吸动作也让你花费更多的能量，再加上后续的呼吸依旧无法提供充足的氧气需求，时间一拉长，身体就会越来越疲劳。

有别于浅层呼吸，腹式呼吸是利用横膈膜、腹腔与肋间肌等深层肌群的一种深层呼吸。腹式呼吸能将代谢后的二氧化碳更彻底地排出，同时也增加吸气时的容量，让吸入的氧气深入肺泡，提升血氧交换的效率。

虽然称为腹式呼吸，但可不是把肚子撑大缩小就好，腹部起伏只是横膈膜引入与吐出空气造成的结果，并非力量的来源。初学者，可以依下列步骤开始练习腹式呼吸。

1 上半身挺直

双脚张开与肩同宽，挺直上半身，不可弯腰驼背，这样会压缩胸腔与腹腔，让吸气的容量变小，同时也无法引发横膈膜与核心肌群，此时如果感觉肩膀紧绷，不妨耸耸肩、转转双臂，让双肩自然垂于身体两侧。

2 嘴巴闭上，用鼻子吸气

双手分别放在胸前和腹部，嘴巴闭上，用鼻子以缓慢且深沉的方式吸气，吸入的过程中，胸腔会跟着上提，腹部也会慢慢鼓起，请持续吸气，让肺部也慢慢鼓起，此时肋骨会上抬，胸腔会扩大，让腹部、肺部都吸足了氧气。

3 把气彻底得吐干净

当腹部、肺部吸足氧气后，开始缓慢吐气，你会发现腹部往内缩，记住尽可能把空气吐干净，不要中断。每天至少早晚练习五分钟，让它渐渐形成一个习惯，因为腹式呼吸法除了有助于跑步时呼吸的效能外，还可以帮助燃烧脂肪，促进肠道新陈代谢。

专注在吐气，空气自然会吸进来

初学跑步者，要如何让呼吸与步伐配合呢？通常会建议吐气三步、吸气两步，但事实上，只要找到最适合自己的方式去配合即可。让自己轻松自然呼吸，当跑步的速度加快、呼吸的速度也随之变快时，只要吸气与吐气维持在一定速度即可。

初学者最容易犯的毛病就是太专心在呼吸上，稍微跑快一点、呼吸喘一点，就开始担心快要呼吸困难，结果越想反而无法轻松的呼吸。

跑步中，如果你觉得呼吸有点喘，想要深呼吸的话，最简单的方式就是先专注在“吐气”上，当你把气完全吐干净，肺部一旦清空了，新的空气不费力气就会自然流进来。所以当你跑步时觉得呼吸困难，与其专心吸气，不如好好吐气，这样呼吸就会变得更轻松。

4

加油吧，“配速”是完成目标的法则

刚加入跑步行列的跑者，通常不懂得掌握速度，因此容易产生以下情况：起跑时的速度太快，跑两三千米便将能量耗尽。或者，起初是慢慢跑，但看到别人跑得比较快，又不自觉地愈跑愈快，最后身体同样受不了，以上的状况都会让你无法跑得长远。

跑步是一项长时间、长距离的运动，要以什么样的速度来跑？规划适合自己的配速是不可或缺的，最好是以自己感觉舒服、中等的配速来跑。以下是针对平日练习及参加比赛来说明。

- **平日练跑时，以能边跑边聊的速度为原则**

平时练跑时，不像比赛有限制时间，可以尽量放轻松去跑，但也不能太慢，要以锻炼体力与耐力为主。如果一个人跑很无聊，也可以找一个慢跑速度与程度相当的跑友一起，两人作伴一边聊天一边跑步，让心跳率与体力维持在可以说话的水准，也可以减轻疲劳的感觉。此外，感到说话有点困难时，就是必须放慢速度的时候，借此找到适合自己的跑步速度。

• 参加路跑活动时，应预设完成时间

参加路跑或马拉松活动时，都有一定的完赛时间，也就是所谓的“关门时间”，如果没在一定时间内跑完，就不算完赛，也就代表这次活动挑战失败。因此，如果你想完成此次挑战，最好在比赛前一个月，针对自己参加的项目，事先评估一下期望的平均配速，以及预设完成的分段时间。

如何安排自己的配速呢?

以下提供一些计算的建议：

• 计算自己轻松完成5千米所需时间

了解自己的跑速是完成比赛的第一要素，可以试跑5千米的时间，来评估适合自己体力的步调，记住试跑时的速度不要太快，也不要太慢，以自己能负荷的速度，也就是“不会喘不过气”的状况下，这样测量的步调才是正常的基准。假设40分钟完成5千米，平均8分钟1千米，要完成10千米差不多需花80分钟，不包括休息时间。

• 记得加上休息时间

跑步的过程中可能会喝水休息、上洗手间等，加上后半段可能体力不济，这些可能影响时间的因素，也要估算进去。

• 以轻松的跑速起跑，中间加速

记住“慢、稳、顺、快”的四字心法。安排配速时，起跑时不要太快，因此前1～2千米以轻松的跑速，等渐渐习惯跑步时再加速，中间距离可以较快的速度补上进度，最后以轻松的步伐完成比赛。

• 不要对自己太严苛

业余的跑者目标是完成比赛，而不是抢名次，所以可以把目标订得宽松一点，适合自己体力的配速即可，这样一来，心里才不会有压力，保持平常心才能发挥平时练习的成果。

边跑边调整步频，也是配速的重要原则

所谓的步频，就是脚部着地的频率，以单脚每分钟的步数来衡量，例如步频85，表示你的右脚（或左脚）每分钟踏85步。最佳的步频为85～90，在此范围之内，可以让自己跑得更有效率。

如果步频低于85，就表示脚部接触地面的时间较长，也代表腿部支撑身体重量的时间较长，感觉脚在地上拖、脚步很沉重；如果超过85，就代表脚部的使用时间明显较低，可以节省许多宝贵的能量，感觉也比较轻盈；但超过90又太快，一般跑者通常无法承受这么快的步频，可能会让身体无法负荷。

想要了解自己的步频，可以利用节拍器帮助自己练习，让步频维持在85～90的稳定节奏。

此外，也可以借由以下的征兆，了解自己的步频是否太快了。

- □ 呼吸困难，即使口鼻一起呼吸，还是觉得气喘吁吁。
- □ 出现侧腹部疼痛的状况。
- □ 心率过快。

如果发生步频过快而不舒服时，请放慢速度，千万不要勉强，等状态好转再慢慢加快。如果放慢后还是很不舒服，请立刻改为走或停下来休息。边跑边注意当天的身体状态，做适时的调整，这也是配速的重要原则。

跑步后，用“静态伸展”消除疲劳

跑步之前，做正确的“热身运动”，可以让身体热起来，跑步时也能更加轻松。而跑步之后，则应做“缓和运动”，避免因激烈运动后所产生的疲劳残留在身体里。因为经过一场激烈运动后，肌肉会收缩、绷紧，变得很僵硬，如果没有适时纾解，隔天可能会肌肉疼痛，也就是大家常说的“铁腿”，也可能对下一次跑步产生心理障碍，甚至可能因此导致受伤，而无法持续跑步。

有别于跑步前为了提升心跳与体温的“动态伸展”，跑步后的缓和运动是以“静态伸展”为主，为了让因跑步而变热的身体，能够渐渐地舒缓并冷却下来。因此，利用伸展的方式，放松僵硬的肌肉，让它恢复柔软度。此外，也可以改善血液循环、加速消除疲劳的效果。

- **缓和运动三元素：缓和、伸展、按摩**

缓和运动的操作顺序，依序为缓和、伸展、按摩，且因每次不同的跑步内容，以及气候的变化而有所差异。

第一 用步行的方式“缓和”心跳

跑步结束后或抵达终点的那一刻起，就是缓和运动的开始。由于长距离或快速跑步时，心率也会跟着升高。因此，用小跑步到步行的方式，也就是减速后再停下来，这样对身体比较好。千万不要一跑完就马上坐下来喔！

因此，当你跑步结束后，不要马上停下脚步，而是先慢慢减缓速度，让原本急促的呼吸逐渐变得深沉、缓慢。等到心率稍微平缓后，再用步行的方式，继续边走边调整呼吸，让心率恢复到平日正常的速率。

第二 “静态伸展”来柔软肌肉

进行完“缓和”的步骤之后，双脚已不像刚跑完时那样紧绷了，这时候最适合进行跑步后的“静态伸展”（见静态伸展操），其目的是让激烈运动时紧缩的肌肉和筋膜恢复延展与弹性。

特别是怕大腿变粗的美女跑者，跑步之后务必做伸展操，因为跑后未经伸展的肌肉，会逐渐累积成粗短的肌纤维，长时间下来，大腿也就真的变粗了。

伸展时，请注意每个动作至少15秒以上，若是比较紧绷的部位，时间可拉长至30秒甚至一分钟效果更好。伸展部位感觉略有紧绷即可，不要过度伸展，避免拉伤。至于伸展运动要花多少时间呢？以10分钟为基准，如果当天感觉较疲倦或路面起伏较大，就要多花一点时间仔细做伸展。另外，天气寒冷时，刚跑完步时满身大汗，穿着湿衣服在户外做伸展容易着凉，所以可以进入室内或换上干燥的衣服，再进行伸展运动。

第三 以敲打的方式，按摩腿部的肌肉

其实完成前两项之后，跑后伸展就算完成，但有些人可能担心

变成粗壮的萝卜腿，那么可以追加“敲打按摩”的运动。也就是利用敲打的方式按摩双腿，能够更有效地纾解腿部肌肉的疲劳，并且具有局部瘦身的功效。敲打按摩的最佳时间是洗完澡之后进行。

敲打大腿前侧肌肉

效果 ▶ 纾缓大腿前侧肌肉，瘦大腿前侧。

穴位 ▶ 髀关穴、伏兔穴、阴市穴、梁丘穴，属于胃经。

方法 ▶ 将手握成拳头，由上往下轻敲每个穴位。

次数 ▶ 至少敲30次。

敲打大腿内侧肌肉

效果 ▶ 纾缓大腿内侧肌肉，瘦大腿内侧。

穴位 ▶ 府舍穴、冲门穴、箕门穴、血海穴，属于脾经。

方法 ▶ 将手握成拳头，由上往下轻敲每个穴位。

次数 ▶ 至少敲30次。

敲打大腿外侧肌肉

效果 ▶ 纾缓大腿外侧肌肉，瘦大腿外侧。

穴位 ▶ 环跳穴、风市穴、中渎穴、膝阳关穴，属于胆经。

方法 ▶ 将手握成拳头，由上往下轻敲每个穴位。

次数 ▶ 至少敲30次。

敲打大腿后侧肌肉

效果 ▶ 纾缓大腿后侧肌肉，瘦大腿后侧、瘦屁股。

穴位 ▶ 承扶穴、殷门穴，属于膀胱经。

方法 ▶ 将手握成拳头，由上往下轻敲每个穴位。

次数 ▶ 至少敲30次。

静态伸展操

以下介绍的六种静态伸展操，适合平日及运动过后的伸展。进行伸展时，要注意以下操作要领：

动作要缓和慢慢伸展，拉到有酸紧感即可，不要到出现刺、麻或是疼痛难忍的范围！每次拉5～15次，每天早晚各一次。

• 第一式：弓箭步

目的 ▶ 伸展小腿后肌、阿基里斯腱

次数 ▶ 5～15次

停留 ▶ 15秒以上

动作 ▶

01 双脚与肩同宽，保持脊椎挺直自然站立，双手叉腰，肩膀打开向后。

02 右脚向前跨步，同时身体慢慢向下蹲低，左脚脚尖维持正前方，脚跟不可离地，膝盖打直伸展小腿肌，膝盖微弯则可以伸展到阿基里斯腱。

Point 注意后脚脚尖朝前方、脚跟贴地，效果才会好喔！将伸展侧的脚做内八字的话，可更精确地伸展到小腿内侧肌群，针对内侧肌群紧绷的跑友，更能达伸展效果！

• 第二式：跨步抬手

目的 ▶ 伸展深层髋部曲肌

次数 ▶ 5～15次

停留 ▶ 15秒以上

动作 ▶

01

双脚与肩同宽，保持脊椎挺直自然站立，双手叉腰，肩膀打开向后。

02

左脚向前跨步，同时身体慢慢向下蹲低，右脚脚尖维持正前方，膝盖弯曲到90度，脚跟可离地，呈现高跪姿。

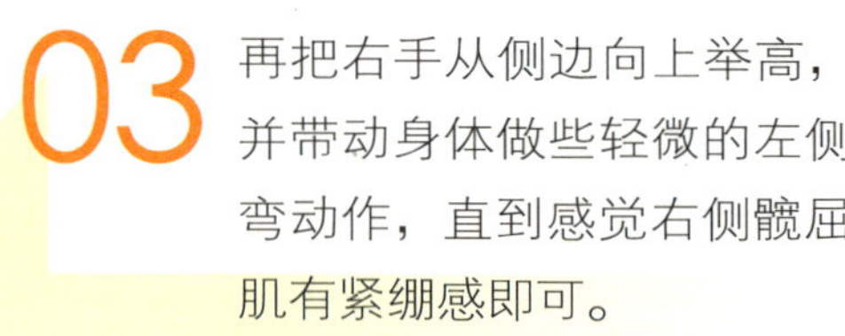

03

再把右手从侧边向上举高，并带动身体做些轻微的左侧弯动作，直到感觉右侧髋屈肌有紧绷感即可。

Point

保持脊椎挺直，若膝盖无力者，可于膝盖下方垫软垫支撑，全面保护膝盖。

• 第三式：直腿前弯摸脚尖

目的 ▶ 伸展大腿和小腿后侧（股二头肌、小腿后肌群）

次数 ▶ 5～15次

停留 ▶ 15秒以上

动作 ▶

01 左脚前跨半步，膝盖伸直脚尖勾起，同时把身体重心放于后侧的脚。

02 右脚膝盖微弯，维持脊椎挺直身体前弯，双手慢慢往脚尖方向前伸，感觉大腿和小腿后侧有紧绷感即可。

Point 双手不要加压在前脚的膝盖上，避免对膝盖过度施压。

• 第四式：直腿前弯摸脚尖

目的 ▶ 伸展大腿和小腿后侧（股二头肌、小腿后肌群）

次数 ▶ 5～15次

停留 ▶ 15秒以上

动作 ▶

01

保持脊椎挺直，
自然站立。

02

用左手拉住左脚脚踝处。

03

将左脚脚跟慢慢靠近左侧臀部，感觉左侧大腿前侧肌肉群有紧绷感即可。

Point

右手协助身体维持平衡，可扶住墙壁。
注意：双脚靠近并拢，伸展的效果更明显。

• 第五式：股内收肌群坐姿伸展（脚对脚盘坐）

目的 ▶ 伸展大腿内侧（股内收肌群）

次数 ▶ 5～15次

停留 ▶ 15秒以上

动作 ▶

01

于平地的坐姿下，双脚弯曲，使双脚脚底相碰，呈现盘坐姿势。

02

将双脚尽量靠近身体，双手扶住脚尖，再将身体慢慢前弯。

03

感觉大腿内侧肌群有紧绷感即可。

Point

依个人柔软度状况可将双手于大腿内侧近膝盖处给予加压，增加内侧肌群伸展的效果。注意上半身脊椎保持正直效果更好。

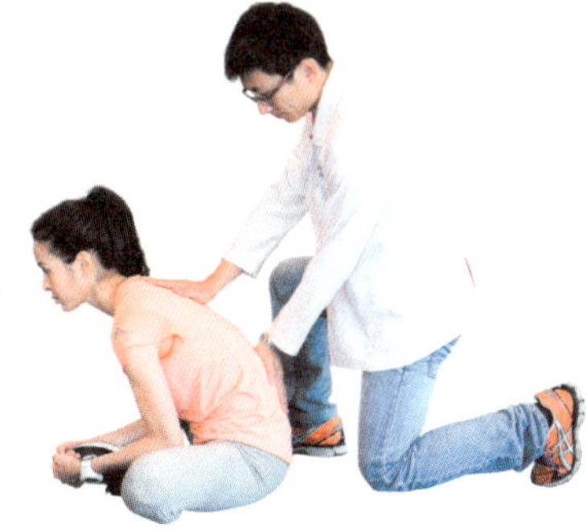

• 同场加映：“相扑蹲+推肩”股内收肌群伸展第二式

动作 ▶

01

双脚分开约两倍的肩宽，两脚尖略呈外八，上半身保持脊椎直立，双手自然垂放在两侧。

02

两脚膝盖下弯，身体前倾，双手放在双膝内侧。配合身体旋转，一手推膝盖同侧肩膀顺势往前，感觉大腿内收肌群有拉紧感觉即可。

• 第六式：跷脚前弯

目的 ▶ 伸展大腿外侧（股外展肌群，髂胫束）

次数 ▶ 5～15次

停留 ▶ 15秒以上

动作 ▶

01
于平地的坐姿下，保持上身脊椎挺直。

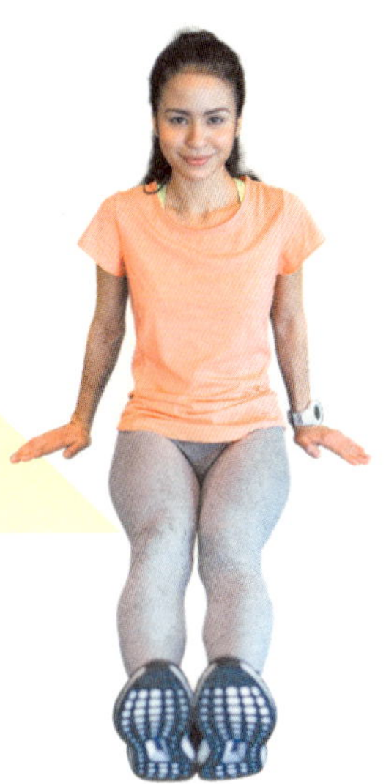

02
将右脚跨至左膝上缘，做出跷脚动作。

03
身体往前倾，直到感觉臀部肌群有紧绷的感觉。

04
维持此姿势。

05
换脚重复动作。

Point
做此动作主要伸展到梨状肌，若有坐骨神经受过伤的人可能会有麻痛现象，请小心操作。当伸展动作过程中有麻痛感出现，建议暂时不做此动作。

04 CHAPTER

给新手的你，基础的练习计划

1

跑步的基础练习：步行→健走→慢跑

刚开始跑步的初学者，不要急着马上就跑步，因为平时不常运动，一开始可能不会配速，很快地气喘吁吁，而对跑步产生畏惧感，然后无法继续跑下去。为了避免这种情况的发生，建议新手跑者可以从步行→健走→慢跑等三阶段，开始进行自我训练，先建立良好的运动习惯之后，再进行跑步练习计划，这样才能持续并成功地完成每项跑步计划。

基础训练第一阶段：步行

“步行”是一项各个年龄层都可以轻易做到的运动，特别是对很少运动的女生来说，从步行开始，是一个比较容易的训练，而且可以随时随地进行训练，例如利用上下班时间来练习，可以提早一至两站下车，步行回家。此外，由于步行时双脚不会腾空，不用承受太多体重的冲击，所以膝关节不易受伤。

步行看似很简单，但也能提高心肺功能及双腿肌力，只要长时间地进行步行训练，同样能培养出跑步的实力。既然是步行训练，就不可能只是“散步”而已，仍需有一定的条件。首先，就是要加强步行的速度，要达到训练的程度，至少要有13分钟步行一千米的速度；其次，训练时间至少持续30分钟，比较能达到训练的效果。最后，虽然只是步行，也要尽可能穿慢跑鞋或步行专用的运动鞋，绝对不要穿高跟鞋或休闲鞋，除鞋子容易坏之外，也会让脚容易疲累。

Tips 步行训练

- ✓ 13 分钟 / 1 千米
- ✓ 每天 30 分钟
- ✓ 穿着慢跑鞋

虽然步行很简单，但是错误的步行方式，还是有可能会造成脚痛，而影响训练的效果，因此请检查一下自己的步行姿势是否正确。以下是步行时需注意的重点：

- □ 抬头挺胸、背脊挺直、全身放松。
- □ 双手放直自然垂下，手肘不必弯曲，随着步伐自然摆动即可。
- □ 踏出去的那只脚，膝盖要打直。
- □ 脚步落地时，从脚跟、脚板、脚尖、往后踢地面，依序顺畅地移动身体。
- □ 进行间，两脚脚尖与膝盖向前，不要外八或内八。

基础训练第二阶段：健走

步行训练一段时间之后，觉得体力已有一些进步，即可开始加快速度，从步行改为健走的状态。健走是国人最普遍的运动之一，也是被世界卫生组织誉为世界上最好的运动。“健走”这项运动虽然简便，却能提升心肺功能及预防心血管疾病、强化骨骼肌肉力量、解除压力、帮助睡眠、达成塑身效果。

Tips 健走训练

- ✓ 13 分钟 / 1 千米
- ✓ 每天 30 分钟
- ✓ 穿着健走鞋或气垫鞋

健走既然是一种运动，没有做好准备可能造成脚踝及膝盖运动伤害。因此，提醒你，从事健走运动之前要特别注意以下几点事项：

1 穿着适合健走的鞋子。

2 健走前先热身，结束后要伸展。

3 随时补充水分，最好每隔15分钟喝一次水。

4 姿势要正确，才能达到运动的效果。

正确的健走姿势要点：

- 抬头挺胸缩小腹。
- 肩膀放松，不要耸肩。
- 手肘弯曲呈 85～90 度，随着步伐前后摆动。
- 双手轻轻握住放于腰部两侧。
- 行进时双脚内侧要呈一直线，避免外八或内八。
- 步伐迈开，比步行的步伐大。
- 身体挺直以便分散体重。身体向前倾会加重脚部前端的负担，挺直时体重能平均分担在脚部。

基础训练第三阶段：慢跑

到了最后一个阶段，借由对身体负担比较小的步行与健走运动，当身体已经逐渐习惯长时间运动之后，就可以安排以慢跑的方式，来习惯跑步的感觉。

不过，一开始慢跑的速度也不要一下子加太快，避免身体瞬间无法负荷，最好依照个人身体状况，循序渐进地调整。可以先从10分钟1千米的“超慢跑”开始，虽然速度与健走一样，但可借由此让身体先习惯跑步的感觉，当你能持续超慢跑达20分钟以上，即可加快速度，慢慢地增加至7～8分钟跑1千米。

Tips

慢跑训练

- ✓ 7～8分钟 / 1 千米
- ✓ 每天 30 分钟
- ✓ 穿着慢跑鞋

★正确的慢跑姿势要点（同跑步，详见第三章）

其他训练

除了步行、健走、慢跑之外，也可以利用一般运动来增加训练。例如骑自行车、上下楼梯等。想要利用日常活动将它变成有效的训练，需掌握一个重点：增加其力度。例如，上下班时，可以提早一个站下车，步行到办公室或回家，在步行的时候，脚步可以加快一点，就能提高训练的效果。

另外也可以进行上下楼的训练，锻炼双脚和腰部的肌力、提高心肺功能，所以尽量不要搭电梯或手扶梯，最好多多爬楼梯。

不过，爬楼梯的时候要注意，刚开始时应采取慢速，持续一段时间之后，可以逐步加快速度或延长时间，但是不能过于剧烈，否则会增加心肺负担。在爬楼梯的过程中发现不适，应立即停止锻炼。

2

跑步练习计划

当你已经认识“步行→健走→慢跑”三阶段的基础训练之后，接下来就是规划适合自己的跑步练习计划。

规划跑步练习计划之前，请注意以下几个重点：

01 每次练跑时，要记得练跑前的热身及结束后的伸展，这样才不会有运动伤害，保证下次练习的体能。

02 练习计划不可超过自己体能所及，过于勉强的计划容易失败，进而最后放弃。

03 练跑时全身放松，心情也放松，不要给自己太多预设的压力，例如边跑边想今天目标是什么，一定要完成才行的想法。

04 练跑时，一旦感觉不舒服，务必先暂停，休息好了再跑。记住，跑步是一项运动而非竞赛，不要硬撑而造成身体伤害。

05 若目标一直无法达成，可能是计划不适合自己，再调整一下即可，无需感到失望。

以一个月为基准，设定训练目标

对于初跑者而言，特别是女生，平时可能运动的机会不多，若一下子设定的训练目标太过严格，恐怕在执行的初期就被吓到放弃了，因此最好是以循序渐进的方式来训练跑步，训练期限以一个月为周期最为适合。后续再针对自己想要参与的路跑活动项目，调整训练计划与时限。

训练计划分为“基础期”“进阶期”及“挑战期”三个阶段。

基础期

Basic

目标 ▶ 建立良好的跑步习惯，并锻炼适合跑步的肌力与耐力。持续慢跑 30 分钟。

时间 ▶ 1 个月

每周计划 ▶ 一周 2 次基础训练，每次 30 分钟。一周 2～3 次肌力训练，每次 10 分钟。

第一周	以步行为主，每次 30 分钟
第二周	以健走为主，每次步行 10 分钟 + 健走 20 分钟
第三周	以慢跑为主，每次健走 10 分钟 + 慢跑 20 分钟
第四周	以慢跑为主，每次慢跑30分钟

1个月的训练计划范例

	第一周	第二周	第三周	第四周
星期一	休息	休息	休息	休息
星期二	步行 30 分钟	步行 10 分钟 健走 20 分钟	健走 10 分钟 慢跑 20 分钟	慢跑 30 分钟
星期三	休息	休息	休息	休息
星期四	肌力训练	肌力训练	肌力训练	肌力训练
星期五	步行 30 分钟	步行 10 分钟 健走 20 分钟	健走 10 分钟 慢跑 20 分钟	慢跑 30 分钟
星期六	休息	休息	休息	休息
星期日	肌力训练	肌力训练	肌力训练	肌力训练

备注

1 范例仅供参考，日期可依自己的行程安排。

2 第二周，可先步行 10 分钟再健走 20 分钟；也可步行 5 分钟健走 10 分钟，再步行 5 分钟健走 10 分钟。

3 第三周，也可以同上，或做适度的调整。

Advanced

目标 ▶ 挑战5千米或10千米的路跑比赛。

时间 ▶ 1～2个月

每周计划 ▶ 一周 2 次基础训练，每次 30 分钟。一周 2～3 次肌力训练，每次 10 分钟。

挑战5千米 ▶ 一周2次跑步训练，一周3次肌力训练，每次10分钟

▶ 一周2次跑步训练，一周3次肌力训练，每次10分钟

1个月的训练计划范例（目标参加5千米）

	第一周	第二周	第三周	第四周
星期一	休息	休息	休息	休息
星期二	肌力训练	肌力训练	肌力训练	肌力训练
星期三	慢跑30分钟	慢跑3千米 步行10分钟	慢跑4千米 健走10分钟	慢跑5千米 步行10分钟
星期四	休息	休息	休息	休息
星期五	肌力训练	肌力训练	肌力训练	肌力训练
星期六	慢跑30分钟	慢跑3千米 步行10分钟	慢跑4千米 健走10分钟	慢跑5千米 步行10分钟
星期日	肌力训练	肌力训练	肌力训练	肌力训练

备注

1 范例仅供参考，日期可依自己的行程安排。

2 第二周，可先步行5分钟再慢跑2千米，再步行5分钟，再慢跑1千米，适个人体能去调配。

3 第三、四周同上，也可以将步行或健走适度与慢跑搭配，让自己能轻松完成目标。

1个月的训练计划范例（目标参加10千米）

	第一周	第二周	第三周	第四周
星期一	休息	休息	休息	休息
星期二	肌力训练	肌力训练	肌力训练	肌力训练
星期三	慢跑5千米 步行10分钟	慢跑7千米 步行10分钟	慢跑9千米 步行10分钟	慢跑9千米 步行10分钟
星期四	休息	休息	休息	休息
星期五	肌力训练	肌力训练	肌力训练	肌力训练
星期六	慢跑5千米 步行10分钟	慢跑7千米 步行10分钟	慢跑9千米 步行10分钟	慢跑9千米 步行10分钟
星期日	肌力训练	肌力训练	肌力训练	肌力训练

备注

1 范例仅供参考，日期可依自己的行程安排。

2 练跑时，若一下子无法持续跑步，请利用步行去调配，只要能完成当天预设的千米数即可。

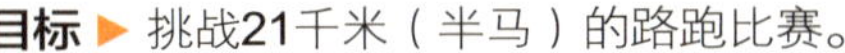

挑战期

Challenging

目标 ▶ 挑战21千米（半马）的路跑比赛。

时间 ▶ 2～3个月

每周计划 ▶ 一周1～2次跑步训练，一周2～3次肌力训练，每次10分钟。

▶ 每周至少要进行一次跑步训练，以循序渐进的方式增加千米数，距离从5千米到10千米

▶ 每周至少要进行一次跑步训练，以循序渐进的方式增加千米数，距离从10千米到15千米

▶ 每周至少要进行一次跑步训练，以循序渐进的方式增加千米数，距离从15千米到21千米

备注

1 半马有时间限制，通常是3～3.5小时。因此，在第3个月练跑时，要练习时间与速度的掌控。

2 练跑时若一下子无法持续跑步，请利用步行去调配，只要能完成当天预设的千米数即可。

利用GPS与APP来记录跑步训练

进行跑步训练时，要随时记录当下的状况，才能改善与调整计划。利用智能手机中的GPS及运动追踪APP，可帮助你记录运动时间、距离、消耗热量及速度等。可以选择适合自己、操作简单、功能完整且免费的APP，以确实掌握跑步时的状况。

以下介绍三款跑者常用的APP。

1 Nike+ Running

由Nike所制作的软件，专为路跑设计，iOS与Android系统均可下载。可以设定不同的路跑方式，包括一般路跑、距离路跑、计时路跑，或者是挑战朋友或自己的最佳纪录。运动时可以设定聆听特定音乐，或是选择即时分享到微信、微博等各类网络社交平台上。

2 Endomondo Sports Tracker

Endomondo是一款老牌的运动追踪软件，支持多款运动模式，包括跑步、自行车、登山、健走、滑雪，甚至连室内的有氧舞蹈或瑜伽都可追踪。除了室内运动无法使用GPS定位外，其他运动均可记录每项运动的历程，如时间、距离、消耗热量、速度等，也可分享至微信、微博等各类网络社交平台上。此款有付费的专业版，所以下载时要注意。

3 MySports

MySports是一款较为常用的运动记录APP，支持多款运动类型，可设定目标，选择你想达到的时间、距离、热量目标；此外，加强了社群互动的功能，在动态消息中，你可以看到朋友的运动轨迹。

3

提升肌力跑得好

想要跑得健康、跑得好，除了跑步前的热身和结束后的收操之外，平时应进行一些核心肌群或部分重要肌群的肌力训练，特别是刚开始接触跑步的新手跑者，大多肌力不足，更需要多多锻炼肌耐力。

究竟提升肌力有哪些好处呢？

• 提升跑步的效率

当双脚和躯干的肌力提升时，对于地面反弹的作用力，就能较好地缓和其冲击力道，保护好身体，避免运动伤害。而且当你的肌力提升之后，也能更好地维持正确的跑姿，让你跑得更有效率。

• 长时间也不会累

增强肌力，可以让你跑得更远、更久，不会很快就感到疲惫，因为肌力的提升，让你跑步时懂得运用全身的肌肉，而非单一肌肉，这样一来，自然就会比较轻松，也更具有耐力。

• 筋骨不容易受伤

当你的肌力强壮之后，关节也会更加稳固，能缓和脚部落地时的冲击力，让膝盖和脚部部位的关节比较不容易受伤。

• 跑姿变轻盈优雅

有许多人的跑姿看起来歪七扭八，既不正确又不美观，而且容易导致关节或身体歪斜而受伤，唯有提升肌力，才能让跑姿正确又优雅自信。

- **燃烧脂肪助瘦身**

有些女生担心肌力训练会变成肌肉女，其实并不会，反而透过肌力训练，增加适当的肌肉量，更是运动减重的不反弹秘方。因为脂肪和肌肉消耗热量的能力差很多，根据研究“1千克的脂肪只能消耗4~10卡的热量，但1千克的肌肉却能消耗75~125卡的热量”。足足差了几十倍，所以平时做一些肌力训练，更能加助跑步瘦身的成效。

肌力训练

1. 平板支撑

锻炼部位 ▶ 下腹、臀部、下背肌群

步骤 ▶

01

俯卧在地垫上，双臂放在肩膀下方两侧，脚尖立放在地面上。

02

手肘与脚尖撑起身体，收起腹部，保持头、肩、腰、臀、膝、脚踝呈一直线，维持姿势不动。

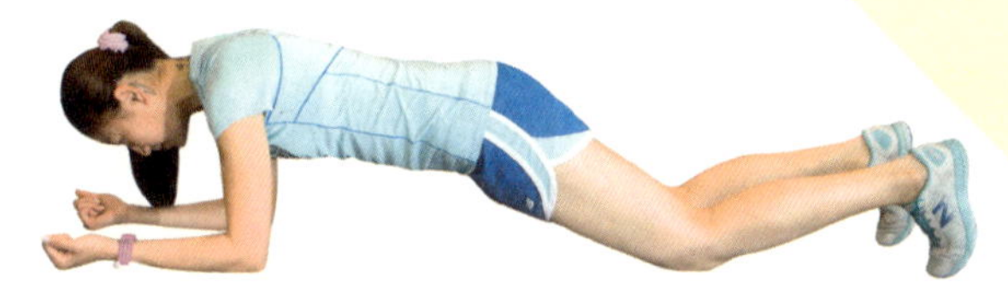

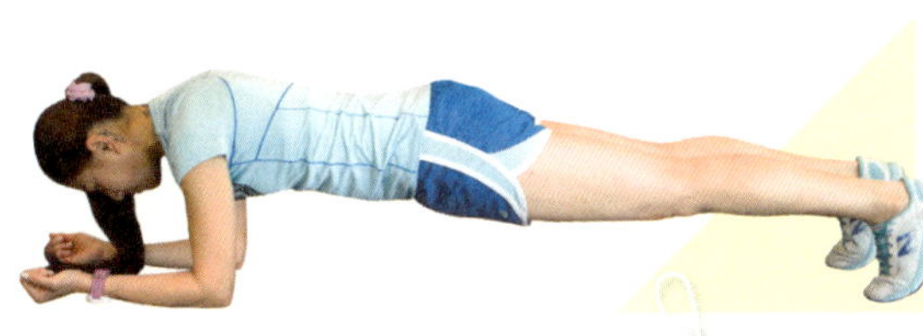

03

一次30秒，共做三次，每次中间休息1分钟；随着肌力进步，每次的时间可以逐渐增加。

NG!

Point

1. 第一次进行时可在镜子旁边、或请亲友协助，确认姿势是否正确。
2. 注意腰部不要沉下来，否则腰椎会承受很大的压力。
3. 不要闭气，应维持深沉缓慢的呼吸。

进阶版

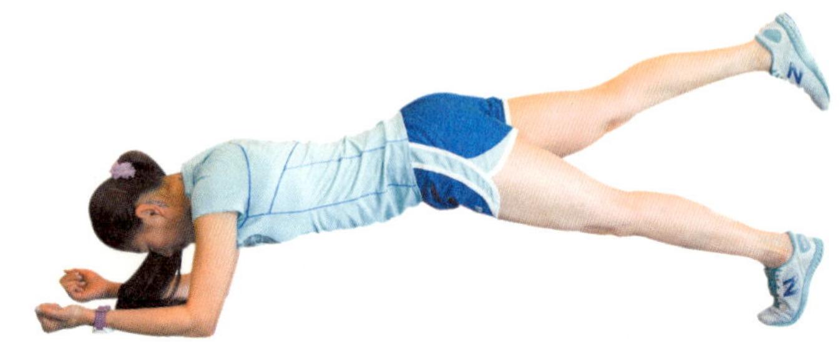

01

保持上一训练步骤2的姿势，接着将右脚抬高，停留30秒；换边，将左脚抬高，停留30秒。

02

将右脚抬高，同时左手向前伸直，停留30秒；换边，将左脚抬高，同时右手向前伸直，停留30秒。

03

视肌力状况，调整锻炼次数与时间。

2. 桥式支撑

锻炼部位 ▶ 臀部、下背、腿后肌群

步骤 ▶

01

仰卧在地垫上，双手平放身体两侧，双膝弯曲，脚掌贴地，脚跟往臀部靠近一些。

02

挺起腰腹，膝盖、臀、腰、肩呈一直线，保持深沉平稳的呼吸，维持动作。

03

一次30秒，共做3次，每次中间休息1分钟；随着肌力进步，每次的时间可以逐渐增加。

Point

1. 将臀部往上推并保持稳定。
2. 肩膀放松，将注意力集中在臀部。

进阶版

01
保持上一训练步骤2的姿势，接着抬起右腿，往天空伸直，停留30秒；换边，将左脚抬高，停留30秒。左右脚各3次。

02
抬脚时，尽量抬高一点，但要注意髋部不可以歪斜，要保持稳定。

03
视肌力状况，调整锻炼次数与时间。

04
进阶版动作可锻炼侧臀部与髋部的肌力，补足左右的肌力不平衡。

3. 超人式

锻炼部位 ▶ 腰部（腰方肌、竖脊肌）、臀部、腿后肌群

步骤 ▶

01

四肢跪趴在地垫上，双手与肩同宽置于肩部下方，膝盖在骨盆下方。

02

双手撑起上半身，保持背部水平，将右手向前延伸，同时右腿伸直抬起，与地面保持水平。

03

维持10～30秒后，再换对侧的手与脚，重复三组。

Point

进行动作时身体须保持水平，避免身体歪斜，因此可以在腰部放置物品，来检测身体是否维持水平。

4. 深蹲

锻炼部位 ▶

步骤 ▶

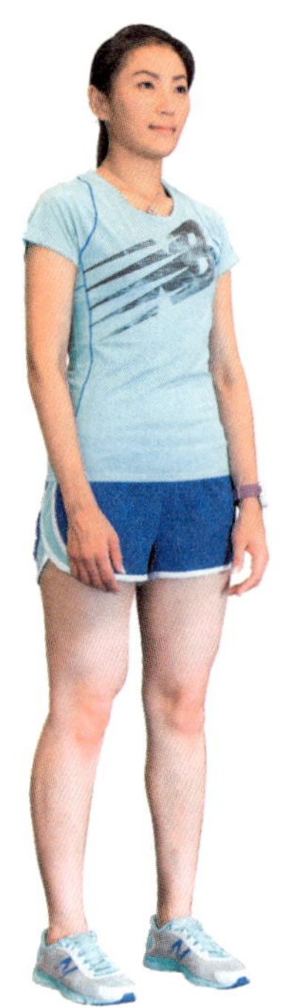

01

双脚与肩同宽，抬头挺胸，视线看正前方，收起小腹。

02

慢慢蹲下，将臀部往后推，双臂弯曲约90度，放在身体两侧协助动作平衡，膝盖保持平行向前。

03

停留5秒之后，恢复站姿。20次为一组，共进行三组。

04

视肌力状况，调整每组锻炼时间。

1. 蹲下时膝盖不可超过脚尖。
2. 重心与注意力放在脚跟，避免身体向前倾。
3. 保持深呼吸，尽量用下腹与髋部支撑身体。
4. 双脚平均出力，不要偏重某一脚。
5. 可利用墙壁辅助进行深蹲的动作，找一面墙，将肩、腰、背、臀贴墙，慢慢下蹲。

NG!

进阶版：单脚深蹲 ▶

功能 ▶ 增加平衡和协调感、加强骨盆的稳定性。

锻炼部位 ▶ 股四头肌、脚踝和髋部

01

双脚与肩同宽，抬头挺胸，视线看正前方，收起小腹。

02

将右脚勾起站立，上半身挺直，慢慢蹲下，膝盖弯曲不可超过90度。

03

停留5秒之后，慢慢恢复至步骤2的姿势。

04

5秒1次，10次1组，组间休息1分钟，共做3组，接着换边进行。

05

进行单腿深蹲时，可以对着镜子，确定身体是否有歪斜。

5. 侧身抬腿

锻炼部位 ▶ 臀中肌、臀小肌

步骤 ▶

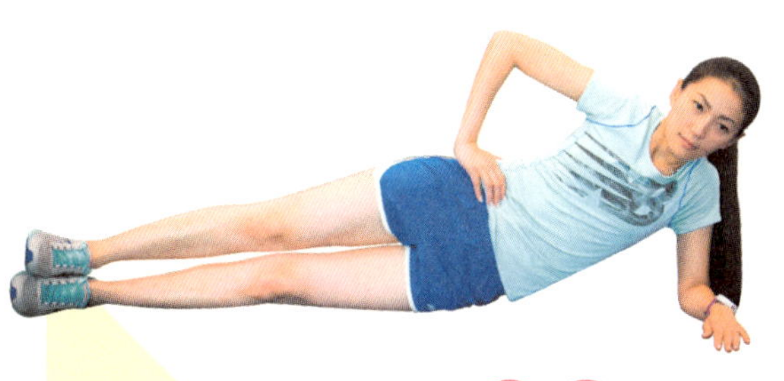

01

侧身躺在地垫上，身体保持直线，手肘关节放在肩膀正下方，另一只手维持平衡。

02

抬起上方的脚，高度约45度角即可，重点是抬高的速度要慢。

03

抬起时吸气，脚尖保持往地板方向，将注意力放在臀部，感觉臀部收缩，停顿数秒后，吐气放下，速度要慢。

04

一边做10~15次之后，换边进行。

Point 进行动作时，骨盆不可前倾或后倾，避免身体歪斜。若不容易保持平衡，下方的脚可以自然弯曲，以维持身体的稳定性。

NG!

进阶版：屈膝侧抬腿 ▶

01

四肢跪姿，双手手掌在肩膀正下方，膝盖在髋关节正下方，腹部用力、背部打直，腰部不可出现凹槽，脖子自然往前延伸。

02

右脚成90度角往右侧缓慢抬起，将注意力放在臀部，紧收数秒后放下。

03

左右脚各做10～15次。

04

注意抬单脚时，身体平衡不要跑掉。

6. 举踵（踮脚尖）

锻炼部位 ▶ 小腿肌群

步骤 ▶

01

双脚与肩同宽，脚尖向前，身体直立，目光看向前方。

02

从脚跟开始、慢慢踮起脚尖，过程中保持上半身直立，不要前倾后仰。

03

动作要慢，将脚跟提至最顶端、停顿2秒后，再慢慢降回起始动作。

04

20次为1组，共重复3组。

Point

1. 随时保持身体平衡，避免东倒西歪，甚至跌倒。
2. 脚跟要提到最高点之后，再慢慢放松。
3. 也可改用单脚踮脚尖，有助于平衡与协调性。

进阶版：脚跟下坠后上升运动 ▶

01 找一个台阶、楼梯、人行道边缘等，最好一旁有扶持物如栏杆，帮助身体平衡。

02 前脚掌站在阶梯边缘，保持上半身直立。

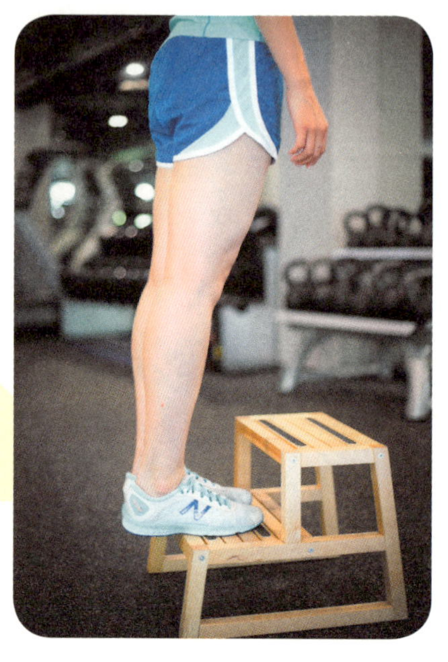

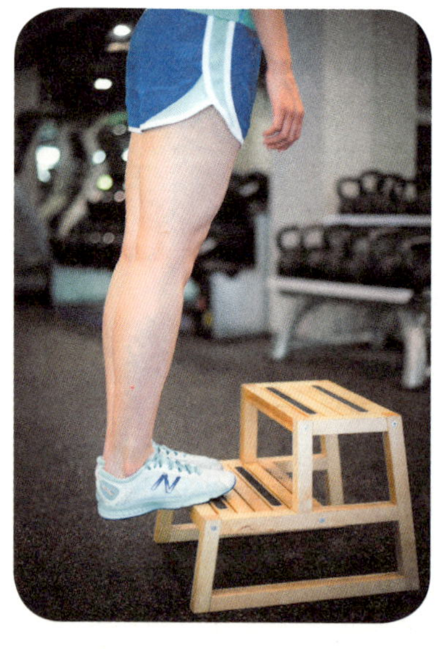

03 将脚跟慢慢下放，至底部后再慢慢提起。

04 动作要缓慢，感觉提起时小腿出力，下放时伸展放松。

05 20次为一组，组间休息1分钟，共进行三组。

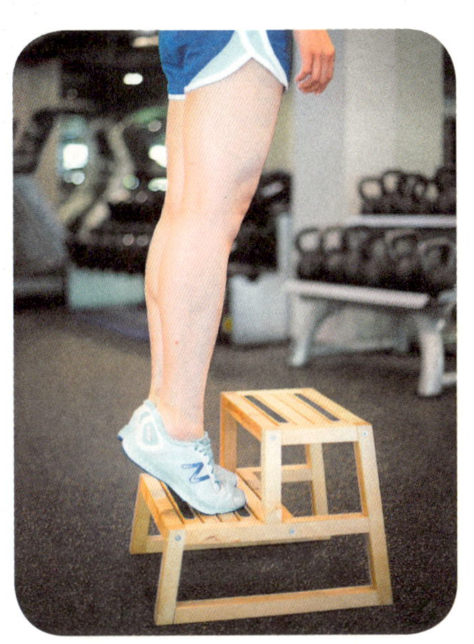

05 CHAPTER

我的第一个路跑

1 挑战路跑活动

2 规划有趣的跑步路线

3 跟着路跑团，跑步不孤单

1

挑战路跑活动

经过一段时间的跑步，是否已经产生些自信了呢？在家附近跑步已不能满足你了？此时，不妨选一些路跑活动来参加，除了验证平时跑步的成绩，也可感受一下路跑活动的热情。

各地有许多路跑活动，对于初次参加的人而言，可先依据平时练习的状况来评断。建议先从5千米入门，再进阶至10千米；等10千米跑过几次之后，再参加半马（21千米）的层级。至于全马（42千米），最好等跑过一年以上，并参与多次半马且跑得不觉辛苦时，再予考虑是否参加。

报名应注意事项

（1）现多采用网络报名，须在规定时间内，利用线上报名系统，完成报名手续。热门路跑活动经常会秒杀，所以要特别留意报名时间及报名流程。

（2）采用两阶段报名，第一阶段额满后系统会暂时关闭，若逾期未缴费视同放弃，名额将释放到第二阶段。若第一阶段未额满，就会开放第二阶段报名，因此，第一次没报到，可以注意第二阶段报名，也许有机会报到。

活动前一天应准备的重点

首次参加路跑活动的你，是否因不知该如何准备而不知所措？其实，只要平时有如实执行跑步训练计划，应该就充分具备顺利完赛的实力，无需太过紧张。不过，事前多一分准备，可以预防当天不可测的状况发生。

活动前一天，请检视一下以下三个事项是否做好准备。

第一 在体能上的准备

活动前一周，请减少练习，到了活动前一天，建议你就别练习了，让身体好好休息，保留体力应付明天的活动。但如果心情无法平静，可改为慢跑或健走三十分钟即可。

第二 在心态上的准备

参加路跑活动是一件开心的事，应保持开朗愉快的心情，不要过于紧绷或紧张，目标是在限时内完成报名的路程，并非一定要跑出专业水准或取得冠军。而且心情放松、身体自然也会放松，反而更容易完成路跑的目标。

第三 在物品上的准备

活动的前一天，务必要再确认一下相关资讯，包括集合地点、时间、气候及交通方式等（详见“活动前须确认事项”）。此外，也要准备一下带去活动的物品，包括当天可能用到、跑步时随身带的东西，所以请想象活动当天的流程，好好准备一下自己的必备品。建议你可以列出“物品清单”，避免当天忘了带而手忙脚乱。物品清单中可分为“必备”“可带”及“跑步时使用”三类，列好清单之后，再依序将物品打包好。如果太重，就依其重要性剔除一些不必要的东西。

活动前须确认事项

- □ **集合地点、交通方式及所需时间**：尽量搭乘公交运输工具，事先调查乘坐流程；有开车的人要先确认停车场位置。

☐ **起跑地点与起跑时间：**每个活动设定都不一样，因此务必要特别注意，避免耽误比赛。

☐ **寄物处：**可以寄放跑步时不需要用到的物品，建议一到活动现场就先去寄物，因为经常会挤很多人等寄物，所以尽早去，避免排太久而浪费时间。

☐ **医护站位置：**当然能不受伤最好，但还是了解一下以备用。

☐ **跑道周边的厕所：**如果可以，先在网络上看好，万一需要就很方便。

☐ **仔细阅读比赛手册：**里面可能有抽奖券、兑奖券或雨天顺延之类的重要讯息。

☐ **当天的天气状况：**以便确认当天该穿什么衣服。

☐ **确认“物品清单”中要带的东西是否齐全。**

“必备”物品清单

☐**路跑服：**通常主办单位都会提供一件活动T恤，所以只要依据当天气候搭配适合服装即可。不过，如果习惯穿自己的衣服跑步，也可以不穿大会T恤，但记得要别上号码布。此外，也可带一套替换衣服，以便跑步后衣服湿透可替换，特别是冬天。

☐**跑鞋：**最好选择经常穿的跑鞋，不要穿刚买的新鞋，因为那样容易起水泡或脚痛。

☐**号码布、计时芯片：**号码布代表参赛资格，用别针别在T恤胸前；计时芯片则是记录成绩，也作为通过折返点的确认，请依大会指示系在鞋带上。

☐**大会手册：**手册内有当天集合和起跑时间、地点、路线等相关事项，带着可以随时确认资讯。

☐**贵重物品：**钱包内不要放太多

钱，只要交通费与餐费够用就好，最好也不要带信用卡或银行卡。

“可带”物品清单

☐ **帽子：**用来防晒、遮阳之用。

☐ **替换内衣：**跑完步会满身大汗，可预备一套干净的内衣更换。

☐ **毛巾、手帕、面纸：**擦汗及途中上洗手间之用。

☐ **太阳眼镜、防晒乳：**防晒用品。

☐ **手机或运动手表：**跑步时速度管理之用。其中手机可下载跑步相关的APP，以便了解速度、距离，以及播放音乐、拍照等，用臂袋携带很方便，记得要确认通讯功能是否良好。

☐ **腰包：**放置零钱、手机、小水瓶、太阳眼镜等。由于大会每隔几千米才有补给站，提供水、能量饮料、香蕉等，因此可以自备小水瓶，要好拿好握，随时可以补水，喝完了到补给站再装水。若报名路程较短如5、10千米，可不用戴。

☐ **轻便雨衣：**遇到雨天的比赛，可避免淋雨而感冒。

“跑步时使用”物品清单

☐ 系上“计时芯片”的跑鞋

☐ 别上“号码布”的路跑服

☐ 装有“运动APP”的手机

☐ 装有小水瓶、零钱、面纸的腰包

活动当天应注意的重点

若活动前一天已做好了准备，活动当天就能更从容不迫地进行。不过，在此仍有几点要提醒：

第一 前一天要睡饱

至少要睡6小时以上，体力才能充沛。

第二 **务必要吃早餐**

最好在活动前一个半小时吃完。

第三 **做好时间安排**

除了夜跑之外，大多数的路跑活动都在大清早集合，加上通勤、吃饭等时间，如何安排时间流程，也是很重要的。例如，活动开始前一个半小时抵达大会会场，依序做好以下动作：报到，领取并别好号码布和计时芯片，寄物，确认起跑点和厕所位置等。此外，在活动前半小时，喝适量的水或补充一些热量，然后开始热身运动。

路跑途中应注意事项

起跑后摆脱拥挤人潮

一开始人潮会非常拥挤，若想以自己的速度冲刺，很容易发生碰撞，产生危险。因此先以慢速的步伐，逐渐等待人群散开之后，再以自己的速度跑，这样比较安全。

即使口不渴，也要补充水分或运动饮料

通常每三到五千米会设一个补给站，提供水分、运动饮料及一些热量食物。为了避免脱水现象，务必要适时地补充水分，特别是炎热的天气。如果真的不渴，可含一点水在口中。

路跑时的礼貌也很重要

当鞋带松掉时，请到路边绑，不可当场蹲下来绑，否则会妨碍其他跑者；在特殊赛事有美丽的风景让你边跑边想自拍分享时，切记不要突然停下来，也会妨碍到其他跑者喔！跑步时与其他跑者保持60厘米左右的间距，或左右错开等；想减速或停下休息时，请靠边以免妨碍他人。另外，对于沿途加油的人群报以微笑，自己也能获得鼓舞。

身体感觉不舒服时不要硬撑

一旦觉得身体不舒服或出现疼痛时，要立刻休息。若过度疼痛或极度不舒服时，请马上要求救护，宁可放弃，也不要勉强。

规划有趣的跑步路线

一直在住家附近或跑步机上跑步，让你觉得有点厌烦了吗？不妨换个不同的环境跑步，可以转换一下心情，也是持续跑下去所不可或缺的动力。

规划专属自己的路线

若想让跑步路线有一些变化，但又不想跑太远时，可以挑选离住家稍远一点的近郊或公园，作为新的跑步路线。不过，在规划新的跑步路线时，要特别注意安全性，路面状况不好的地方容易跌倒而受伤；噪声或废气严重的地方容易让人觉得紧张，无法达到放松跑步的目的；也要尽量避免车潮众多的闹市及灯光昏暗的夜路。

尽量选择路况良好、风景优美的地方，不仅跑得舒适，也能提振精神。若挑选的路线较暗或人烟较少，例如晚上的河滨公园，请不要一个人跑，可以找朋友结伴跑。为了增添跑步的乐趣，不妨多设定几条路线轮流跑，如此一来，就能享受每一次跑步的愉悦。

参加特色路跑活动

近年来，路跑活动很流行，创意路跑的种类也很多样化，例如荧光夜跑、彩色路跑、甜蜜路跑、万圣节的僵尸路跑以及跨日接力的夸父追日超马赛等，你可以选择自己喜欢的主题来参加。

边跑步边旅行

若在家附近跑步也不能满足你了，不妨规划出一趟远门，边跑步边旅行，在尽情挥洒汗水之余，感受旅行的乐趣。

“为跑步而旅行”：参加一些国内外知名的马拉松活动，顺道安排几天的旅行（见附表）。如果懒得自己设计行程，现在有一些旅行社专为马拉松安排旅程，可以直接交给他们处理，你就不用担心相关问题，只要开心去参加即可。

“为旅行而跑步”：在旅行时，顺道安排一至两条的跑步路线。不少国内外饭店会提供跑步路线图，请用散步的心情去享受跑步，不必太过拼命，甚至可以沿途在风景优美处拍照留念，或停下来休息，享受旅行跑步的乐趣。

旅行中跑步时应注意的事项

1 随身携带地图并确认路线

预先在参考地图上规划好大致的路线，应在自己跑得动的距离内，不要设定太远的距离。其次，随身带着地图，避免迷路或途中想更改路线。最后，在国外跑步或陌生的地方跑步时，要特别注意安全，尤其是一个女生跑时，最好可以结伴而跑。

2 随身背包必须携带的物品

随身背包内应携带手机、地图，预防迷路求救之用。此外，帽子、零钱、相机、外套、毛巾及小水瓶等物品也是必需品。

3 暂停休息时要记得缓和伸展

跑步沿途看到感兴趣的地方，可以停下脚步欣赏，但每次停下时，要稍微做一下缓和伸展运动，避免身体一下子冷却下来。而再次起跑时，先以超慢跑作为热身，约莫跑5分钟之后，再恢复正常的跑速。

▶ 国内知名比赛旅游跑

活动名称	网站	活动时间
北京国际马拉松	http://www.beijing-marathon.com	每年10月
厦门国际马拉松	http://www.xmin.org/cn/index.asp	每年1月
重庆国际马拉松	http://cqmarathon.com/	每年3月
上海国际马拉松	http://www.shmarathon.com/home.dhtml	每年11月

▶ 国外知名比赛旅游跑

活动名称	网站	活动时间
日本东京马拉松	http://www.tokyo42195.org/2015/	每年2月
日本北海道马拉松	http://www.hokkaido～marathon.com/	每年8月
美国纽约马拉松	http://www.tcsnycmarathon.org/	每年11月
美国波士顿马拉松	http://www.baa.org/races/boston～marathon.aspx	每年4月
普吉国际马拉松	phuketmarathon.com	每年6月
冰岛雷克雅未克马拉松	www.marathon.is/reykjavik～marathon	每年8月
澳洲内陆马拉松	http://australianoutbackmarathon.com/	每年7月

3

跟着路跑团，跑步不孤单

一个人跑步感觉很孤单吗？不妨找一些志同道合的朋友，如此一来，既可以增加跑步的乐趣，也可以让跑步能长久持续下去，而非一时赶流行而已。

志同道合的朋友哪里找呢？

首先，从周围的亲友下手。先探询一下朋友平时的运动习惯，通常有运动习惯的朋友，比较容易愿意加入跑步的行列。找到有意愿或原来就有跑步习惯的朋友之后，即可邀请一起规划跑步计划。如果周围朋友都对跑步没兴趣的话，那就只好向外发展了。

其次，加入各类网络社交平台上的路跑社团。利用网络平台搜寻住家或工作地点附近的路跑社团，认识一些志同道合的跑友。你也可以在网络平台上自己建立社团，邀请一些喜欢跑步的朋友来参与。

最后，加入路跑协会或运动网站。各地有不少与路跑相关的协会与运动网站，提供路跑赛事资讯，或协助报名路跑活动。因此，你也可以借此了解周边路跑活动的现状，并且与其他跑友交流一些经验与讯息。以下介绍几个较为知名的单位，提供你作为参考。

- **中国田径协会**

http://www.athletics.org.cn/marathon/

中国田径协会成立于1954年，是具有独立法人资格的全国田径运动项目群众性体育社会团体，是中华全国体育总会的团体会员，是中国奥林匹克委员会所承认的管辖田径动动的全国性运动协会。

主办的赛事有全国田径锦标赛、全国田径冠军赛、全国室内田径锦标赛、全国马拉松锦标赛、全国马拉松冠军赛、北京国际马拉松赛、厦门国际马拉松赛、全国竞走锦标赛、全国竞走冠军赛、全国越野跑锦标赛等。

- **中国马拉松信息平台**

http://www.runchina.org.cn/

该平台为中国马拉松所有赛事组织者的一站式“服务大厅”、中国最权威的马拉松及相关运动的信息发布平台，集信息发布、赛事管理、数据统计、行业交流、选手服务为一体。专业选手、马拉松及相关运动爱好者及赛事组委会可直接登录网站，查询个人完赛数据或办理赛事相关业务。

- **跑步圣经网**

http://bbs.runbible.cn/forum.php

该网站提供关于马拉松以及路跑的各项资讯，包括针对新手跑者的建议，以及各大跑步赛事的情况，同时，还有跑步物品的推荐以及跑友间的结识与互动，信息全面。

- **咕咚网**

http://www.codoon.com/

咕咚网是由成都乐动信息技术有限公司创立的将运动与网络结合、分享运动快乐的新社区，通过智能手机下载其APP，可在线同跑友交流，分享自己的心得，结识新的跑友，倡导运动，环保，有趣，简单，持续，被誉为运动者的Face Book。

- **运动笔记**

http://www.sportsnote.com.tw/

运动笔记是跑友最常看的网站之一，提供来自台湾地区及全球的“跑步新闻”、全球各地的“赛事资讯”以及关于训练、健康、设备等的“专栏文章”，也设有跑友互动交流的“讨论区”及“相簿”。

另外，该网站有两个特色，其一是特别将“女性、新手及海外”设成一专区，提供不同族群不一样的专业资讯；另一特色则是规划了“跑步学堂”，帮助想学习跑步的朋友在此找到适合的课程。

- **我要赛**

http://www.51sai.com/

专注于全国各地马拉松赛事的发布与个人报名，内含各地路跑信息，并且配套有APP服务，用户可以通过其进行运动社交，结识新的跑友。

- **一起跑社区**

http://www.yiqipao.com/forum.php

创建于2004年，面向所有跑步爱好者，旨在提供一个“健康、快乐、分享”的跑友交流平台。主要活动包含每周二、四晚七点半固定的上海世纪公园跑步活动、并广泛开展同城跑活动、每周长跑训练。同时，每年团体将报名多个马拉松赛事和社会公益活动。

- The color run

The Color Run，又称“地球上最欢乐的5公里跑”，是一个独特的色彩主题的跑步活动，宣传健康、快乐、个性。

目前The Color Run 是美国境内最大型的跑步系列活动，自创办以来，彩色跑飞速发展。2014年，The Color Run 在全球50多个国家举办了超过300场跑步活动，且已全面登陆中国各大主要城市，详情可通过综合搜索引擎，搜索关键词“The Color Run”获取。

06 CHAPTER

正确防护，防范伤害于未然

1

紧急救护的原则与观念

跑步虽是一项很简单的运动，但是也像其他运动一样，有可能因为意外、过度疲劳或姿势不良等因素，而造成一些运动伤害。因此，除了正确的运动步骤：热身运动→跑步→收操（缓和运动），以及平时自我加强的核心肌力训练之外，更要了解受伤时如何照顾自己，避免伤害扩大。以下和大家分享一些发生运动伤害时，紧急处理的救护原则：

对于较严重的急性运动伤害，务必立即送医处理，而轻微的急性运动伤害处理，则必须遵守“PRICE”的原则来进行。

P 保护 | Protect
预先防范运动伤害的发生。

R 休息 | Rest
表示急性受伤后应完全的休息。

I 冰敷 | Icing
对患部施以冰疗，以避免肿胀、减少疼痛、放松肌肉、消炎。

C 压迫 | Compress
对患部施以压迫，避免患部的肿胀。

E 抬高 | Elevation
将患部抬到比心脏的高度还高，避免因重力形成的肿胀。

一般而言，在急性运动伤害发生后的24～48小时内，皆应进行“PRICE”的处置，持续的时间长短需视伤害的情况而定。

跑后养护的第一步：冰敷

跑步之后，关节或肌肉因为激烈运动的冲击，可能有撕裂、挫伤，甚至微血管出血、发炎等症状，若置之不理，可能会让伤害加剧。因此，这时就需要“冰敷”来抑制出血及缓解发炎的情况。

• 冰敷的方式

1 利用一般市面上贩售热敷兼冰敷用的gel pack，放到冰库结冻后，拿出来以毛巾包裹，再接触患部，避免冻伤皮肤。

2 也可用塑胶袋装冰块，再以毛巾包覆后置于患部，避免冻伤。

3 直接浸泡在5～13℃的冷水中，或以花洒对着患部冲冷水，也可达到冰敷的效果。

4 冰敷以一小时之内处理较佳，每次冰敷的时间则为10～15分钟，休息5～10分钟后，再进行冰敷，如此重复冰敷3～5次。

5 冰敷的阶段长短，要看发炎或伤势的严重性而定，并非制式的说法：“前三天冰敷、三天后热敷”，若是患部仍持续肿胀，冰敷就要继续进行。

6 若冰敷之后，疼痛依旧，且时间超过48小时，应尽快就医。

跑后养护的第二步：按摩

跑步之后，肌肉会产生大量的乳酸堆积，导致隔天酸痛，因此，跑后的缓和运动很重要，除此之外，可以搭配按摩，帮助肌肉加速排出乳酸，缩短酸痛的时间。

• 按摩的方式

用双手手掌按摩大腿及小腿等酸痛之处，从下至上按摩搓揉，可放松紧绷肌肉。脚底部分除以大拇指按压之外，也可利用高尔夫球或类似大小的球体，以前后滚动的方式按压脚底。

跑后养护的第三步：抬腿运动

可用被子垫高双脚，或将双脚抬至墙壁上，让双脚的高度超过心脏，保持此姿势10~15分钟，帮助小腿部位的血液回流至心脏，促进血液循环，排除累积在小腿的乳酸。

跑后养护的第四步：散步运动

有许多人一旦有酸痛之感，就会立刻休息不动，虽说休养生息是必要的，但完全不动反而会让酸痛时间拉长。因此，建议你可以改为每天散步10～15分钟，时间依身体状况而调整，可加速乳酸排出体外，减少肌肉酸痛的时间。

紧急救护的基本观念

除了紧急的处理方式之外，很多人更希望能够尽快回到跑场上，并且不要重复受伤。因此，在此要和大家分享几个重要的观念：

第一个观念 不痛，不表示你好了

很多人以为不会痛，就是痊愈了，又开始回去做一样的动作，结果就容易造成重复伤害。几次之后，就开始出现心理障碍，不敢再跑。这样是很不好的恶性循环。

第二个观念 别用80分的身体，做100分的事

根据上述情形，在此提出一个“100分理论”以供大家参考。所谓100分理论，假设当我们身体健康的时候，肌肉状态是100分，受伤后大约只剩下50分（当然还要看严重的程度而定），等到自然回复不会痛的时候，只回复到70～80分。

不过大多数人，就认为不痛

就是好了，所以就开始原来的运动，开始原来的生活方式，其实，这时候的你，是用80分的身体，去做以前100分的事情，当然就很容易受伤，所以很多人伤害会复发也是这样的原理。因此，这时候就要利用相关护具来提升自己的分数，把落差的20分补起来，这样就可以避免受伤。

当然除了这些辅助用具之外，受伤后的复健就是更重要的，也是真正可以把这20分练回来的方法。这些复健最主要是以训练“好的肌肉”为原则，包含力量、柔软度、协调性等三方面。当肌肉恢复至100分的状态时，就可以放心地去挑战原来的运动了。

第三个观念 锻炼“好的肌肉”

什么是“好的肌肉”？要够大块？要够结实？要有弹性？其实答案就是一个“收放自如的肌肉”。怎么说呢？大块的肌肉，通常比较有力量，但是不见得懂得如何发劲出力；结实的肌肉，线条很好看，但是弹性和柔软度好吗？有弹性的肌肉，肌肉耐力够不够？

如果肌肉只会收缩、不会放松，就会像是我们肩颈僵硬的肌肉，整天硬邦的，造成循环不良，引发疼痛，甚至影响到周边组织，变成偏头痛、肌膜炎、膏肓痛，产生恶性循环。

如果肌肉只会放松、不懂收缩，这样的状况也很常见，其中一种像肌肉拉伤时，就是这样没办法适当收缩出力。此外，就算肌肉会收缩、也会放松，但是要达到收缩自如的状态，还要有适当的协调性，才有办法做到，否则是达不到这种随心如意的状况的！因此一个好的肌肉，也就是收放自如的肌肉，必须具备三个要素：“会收缩（有力量）”“会放松（弹性好）”“随心如意（协调性好）”。

希望分享的这三个观念，能够帮助大家面对伤害，慢慢复健，变得更厉害。疼痛就是身体的老师，告诉你哪里是你的弱点，只要转个念，把受伤当作休息与增强实力的时刻，适当休息，好好做复健，就可以有效缓解症状，并更进一步提升自己跑步实力喔!

痛痛 bye! 预防跑步运动伤害

新手跑者常因缺乏跑前训练、热身不足或未做好防护，因而无意中产生一些身体上的疼痛。根据美国医学会期刊（*JAMA*）统计，路跑者常见的五大运动伤害，包含髂胫束摩擦综合征（俗称“跑者膝”）、髌骨疼痛综合征、胫前疼痛、阿基里斯腱炎及足底筋膜炎。在此，特别针对上述常见的运动伤害，介绍其预防与应对的对策。

症状1：髂胫束摩擦综合征

髂胫束摩擦综合征，俗称“跑者膝”，最常发生在慢跑或长跑选手的身上。

痛痛部位▶ 臀部、膝盖外侧疼痛
形成原因▶ 人的膝盖与大腿之间，有一条肌肉群名为“髂胫束”，位于身体外侧，从骨盆到股关节、膝关节，到达胫骨外侧。当人们在跑步时，髂胫束会不断摩擦，当臀部及大腿外侧肌肉紧绷时，摩擦的状况更严重，进而发炎，造成臀部、膝盖外侧的疼痛。
舒缓方式▶ 当疼痛发生时，可用冰敷、镇痛药（如非类固醇类抗炎药）和休息一段时间，能有效地纾缓当下的疼痛感。若发炎减缓或不再疼痛了之后，平日就可以进行伸展和肌力强化运动，来预防未来伤害的再发生。

预防对策▶ 髂胫束伸展运动第一式

动作▶

01 上半身挺直，两脚伸直坐好，双手自然垂下。

02 将右脚弯曲，跨过左脚的膝盖处，上半身向右边扭转。

03 保持此姿势30～40秒，动作不要急，慢慢来即可。

04 换边再做一次，依旧停留30～40秒。

05 每天做3～5次。

预防对策▶ 髂胫束伸展运动第二式

动作▶

01

靠墙维持上臂的距离，两脚一前一后站立。

02

左手扶着墙壁，上半身向左侧倾倒，让后方脚的骨盘向旁伸展开来。

03

保持此姿势30～40秒，动作不要太急，慢慢来即可。

04

换边再做一次，依旧停留30～40秒。

05

每天做3～5次。

症状2：髌骨疼痛综合征

痛痛部位▶ 膝盖内侧疼痛

形成原因▶ “髌骨”就是俗称的“膝盖骨”，由于跑步时膝盖会不断地弯曲、伸直，而髌骨在长时间摩擦之下，容易导致发炎，进而出现膝盖内侧疼痛，这类疼痛被归类为“髌骨疼痛综合征”，以女性跑者居多，因为女性骨盆较男性大，当下半身承重大时，髌骨承受的压迫也会变大，容易造成疼痛。若髌骨持续磨损，容易变成退化性关节炎，所以务必要注意与小心。

舒缓方式▶ 最简单的治疗方式就是好好休息，过度承重是引起疼痛的最大原因，休息可减缓大部分的疼痛！但若长期间疼痛，务必就医治疗。

预防对策▶ 膝盖伸直下压运动

动作▶

02

将毛巾卷起约10厘米高，垫在膝盖下方。

01

两脚伸直坐好。

03

双手放在左脚的膝盖上施力压扁毛巾，压下后停留5秒，然后再慢慢放松。

04

换边进行，左右各进行20次，能有效伸展肌肉。

症状3：胫前疼痛

痛痛部位 ▶小腿内侧疼痛

形成原因 ▶胫前疼痛主要是因过度运动、拉筋动作不足所造成的，由于腿部后肌肉群因过度运动，吸收地面冲击的能力降低，并将压力转移至小腿附近的骨膜与骨头，造成过度拉扯所引起的发炎，最常发生在刚开始跑步的跑者身上。

舒缓方式 ▶刚发生疼痛时，一定要休息和冰敷，等急性期过后，如果疼痛依旧，就要接受专业医疗诊断。通常是施以简单的运动治疗，逐渐增加肌肉力量、柔软度、踝膝关节稳定性训练等，缩短回跑场的时间和避免再次受伤。

预防对策 ▶

• 换一双适合自己的跑鞋

有些胫前疼痛是因为足弓支撑力不足所造成的，可以选择一双好的、适合自己的跑鞋，例如避震性好的款式，这样就能有效降低胫前疼痛的发生。

预防对策 ▶

• 小腿后侧伸展

动作 ▶

01 双脚脚尖朝向正前站好。

02 右脚向后伸直，保持脚跟不离地，身体往前蹲，若担心重心不稳，可以双手扶住墙壁。

03 记住后伸的右脚膝盖不要弯曲，停留30～40秒，换左脚向后伸直。

04 左右脚各做3～5次。

预防对策▶

- **小腿滚筒按摩**

动作▶

01

操作时将小腿分成上、中、下三等分来操作。

02

以中段为例，将需要按压侧的小腿肚中间放在滚筒上，把另一只脚交叠放在上面以增加下压的重量。

03

按压时，先做横向的拨动20次，再沿着肢体方向滚动20次，最后再按压住的情况下做20次的主动动作，即可有效达到放松。

Point

操作过程中，被按压的脚要尽量放松，可注意脚尖是否有翘起来判断是否有用力！也记得别将滚筒放在阿基里斯腱下方喔！

NG!

症状4：阿基里斯腱炎

痛痛部位 ▶ 连接小腿延伸至脚踝后侧肌肉发炎

形成原因 ▶ 阿基里斯腱是连接由小腿延伸至脚踝后侧肌肉的主要肌腱，若承受太大压力，肌腱会因过度紧绷而发炎。训练量极大的专业跑者、小腿容易过度紧绷及肌力不足的新手跑者为高风险族群。

舒缓方式 ▶ 一旦发现阿基里斯腱发炎而疼痛，就要马上停止休息，因为早期发现，只要休跑几天，是可以免除治疗时间；如果发现发炎还继续勉强跑下去，后续就需要至少6个月的时间治疗。

预防对策 ▶

- **运动时穿着压缩裤**

  专业跑者练跑时，大多会穿压缩袜，可以舒缓阿基里斯腱的疲劳。

- **小腿肌力训练运动**

  请参考深蹲动作，配合使用律动训练仪，在有垂直震荡的平面上做出深蹲的动作，可刺激关节周围的小肌肉群出力。

症状5：足底筋膜炎

痛痛部位 ▶ 连脚跟、脚底疼痛

形成原因 ▶ 足底筋膜是脚底足弓最主要的支撑，主要吸收脚部着地时所产生的反作用力。因此，跑步姿势不正确、不合脚的跑鞋，会导致足底筋膜不正常受力、紧绷，最后引起发炎。

舒缓方式 ▶ 足底筋膜炎疼痛部位大多在脚跟，少部分在足掌。因此，一旦发现脚跟疼痛，最好立刻停止活动，并以冰敷来抑制发炎的状况。

预防对策 ▶

- 选择适合自己的气垫鞋，以减轻脚部负担，或者在鞋内放入可纾减疼痛压力的足跟垫。
- 运动后，在脚跟部位施以冰敷，减少发炎疼痛。
- 进行促进肌腱肌肉强化的运动：

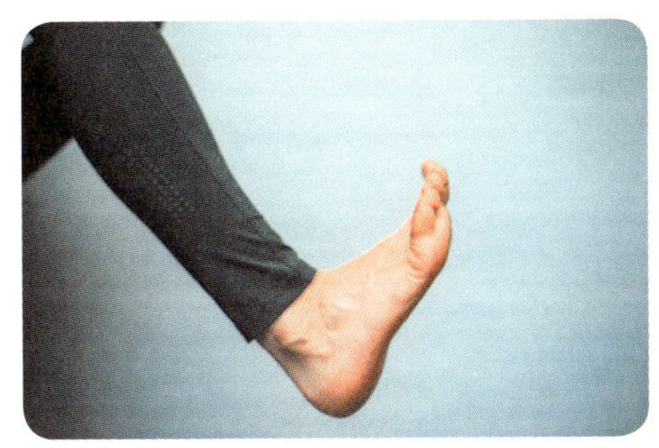

第一招 踮脚运动

用前脚掌着地，后脚跟慢慢踮起，再慢慢放下。练习时要注意，脚跟垫起时用力，放下时放松。可以随时练习，但不可过度勉强。

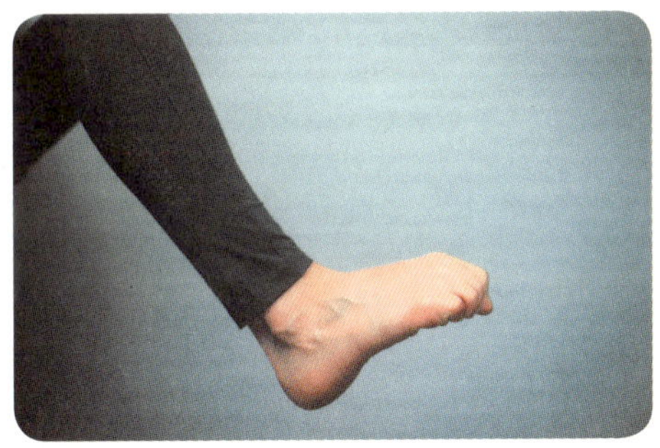

第二招 脚趾抓地

脚趾以脚跟为支撑点，向下、向后如同抓地一般，同时弓起足弓，使足弓与地面之间的距离拉大。动作完成后，整个脚掌放松恢复贴地的状态。掌握“抓地时用力、贴地时放松”的原则。

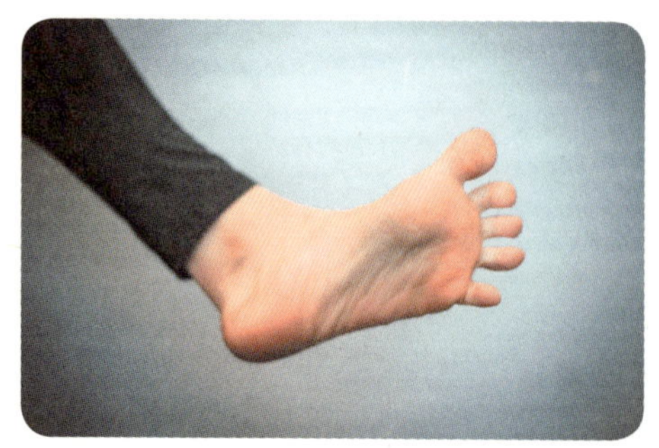

第三招 脚掌翻动

脚趾以脚跟为支撑点，向下、向后如同抓地一般，同时弓起足弓，使足弓与地面之间的距离拉大。动作完成后，整个脚掌放松恢复贴地的状态。掌握“抓地时用力、贴地时放松”的原则。

3

跑步不可不知的常见问题

跑步时，除了前述的五项常见运动伤害之外，伴随着跑步而生的身体异样变化也要注意，以下介绍几项跑步时可能会遭遇的问题，请务必留意，不可轻忽它。

侧腹痛

侧腹痛是因为呼吸肌在跑步时因血流不足，而形成的缺氧性疼痛，通常是因为呼吸短急、热身不足、缺乏运动、出汗太多、饭后立即运动等因素所造成的。因此，只要经过一段时间的跑步或呼吸调节训练；避免在太阳底下从事长时间的剧烈运动，导致体内盐分流失，引起腹直肌痉挛；避免在饭后2小时内，立即进行剧烈运动。侧腹痛就不再出现。

治疗侧腹痛的办法：

1 **放慢速度：**若减速后仍感到不适，则改以快走方式，等待不适感消失后，再恢复正常跑速。

2 **调节呼吸：**反复进行数次“深呼吸”。记得吐气要吐干净，不要急着想吸下一口气。用“腹式呼吸”来取代“胸式呼吸”，将氧气充足地带到血液中，让疼痛感逐渐消失。

3 **伸展按摩：**停下脚步，适度按压疼痛处，感觉肌肉舒缓、疼痛降低即可。或者将双手上举后伸，让腹部肌肉获得伸展，注意动作要缓慢，力道不要过于大。

4 **运动前充分热身、平时锻炼“强化核心肌群”**，跑步时就不易紧绷抽筋。

脱水

人类的体重有60%为水分，因此需要维持足够的水分，才能保持健康的身体。而脱水是指人体因消耗大量水分，且不能即时补充，造成新陈代谢障碍的一种症状，严重时会造成虚脱，甚至有生命危险。

避免脱水的办法：

由于人体流出的汗水中含有各种电解质（钠、镁、钾等），因此为了让人体能快速吸收水分，跑步时最佳的水分补给品，就是含糖的电解质饮料。此外，不可为了节省时间或不觉得口渴，而疏忽补充水分，最好每隔15分钟，摄取至少100毫升的水分或运动饮料，避免发生脱水的状况。

中暑

在炎热的季节跑步时，要特别留意中暑。中暑依症状不同可分为热痉挛、热衰竭、中暑等。其中又以热痉挛最为常见，一般发生在轻微脱水、体内盐分流失时，导致肌肉疲乏、抽筋。此时只要多喝水或补充电解质水，加上施以缓和的伸展运动，即可恢复。

预防热衰竭、中暑等热病的方法：

1 穿着吸汗、透气的衣服。
2 避免长时间曝晒在太阳底下。
3 多补充水分：运动时间在1小时以内，补充水分。超过1小时，必须再补充含有电解质、糖分（碳水化合物）的水分，也可以选择运动饮料。

出现红色尿液

许多参加半马、全马的跑者，在半途或完赛后，发现尿液呈现粉红色，甚至是红色的血尿现象，这是过度运动者常见的症状，只是暂时性，所以无需太过担心。

其形成的原因，主要是在长距离跑步时，跑者的水分摄取不足，加上运动过量所引起的横纹肌溶解症相关。只要跑者没有严重脱水、休克，同时适量喝水、补充电解质、多休息，两日之内即可恢复正常。

图书在版编目（CIP）数据

美丽女生向前跑 / 詹仲凡，风之球著. —北京：中国轻工业出版社，2016.1

ISBN 978-7-5184-0524-4

Ⅰ. ① 美… Ⅱ. ① 詹… ② 风… Ⅲ. ① 女性 – 跑 – 健身运动 – 基本知识 Ⅳ.① G822

中国版本图书馆CIP数据核字（2015）第161685号

本著作中文简体字版由开始出版社有限公司授权中国轻工业出版社在中国大陆出版、发行。

责任编辑：张　磊　　责任终审：张乃柬　　封面设计：锋尚设计
版式设计：锋尚设计　　责任校对：燕　杰　　责任监印：张　可

出版发行：中国轻工业出版社（北京东长安街6号，邮编：100740）
印　　刷：北京顺诚彩色印刷有限公司
经　　销：各地新华书店
版　　次：2016年1月第1版第1次印刷
开　　本：720×1000　1/16　　印张：10
字　　数：160千字
书　　号：ISBN 978-7-5184-0524-4　定价：38.00元
邮购电话：010-65241695　传真：65128352
发行电话：010-85119835　85119793　传真：85113293
网　　址：http：//www.chlip.com.cn
Email：club@chlip.com.cn
如发现图书残缺请直接与我社邮购联系调换
150520S4X101ZYW